Dominando a dramaturgia - elaborando uma peça de sucesso

Imprimir

Título do livro: Dominando a dramaturgia – elaborando uma peça de sucesso
Autora: Natasha Tillett Slayton

Autora: Natasha Tillett Slayton
Contato: wakdeamay@gmail.com

Dominando a dramaturgia - elaborando uma peça de sucesso

Escrito por
Natasha Tillett Slayton

Índia
2024

CONTEÚDO

Você está aqui porque quer escrever peças? Isso é ótimo; Eu aplaudo seu desejo. Depois que discutirmos isso pessoalmente e vocês começarem a escrever peças de nossos livros juntos, talvez possamos discutir se comprar este livro foi de fato a escolha correta.

Como sugere o título deste livro, presumo que você queira aprender comigo como criar uma peça de sucesso; infelizmente, porém, isso é algo que não posso oferecer neste momento. Infelizmente para você, isso significa que não tenho ideia de como isso deveria funcionar; portanto, levanto outra questão: "O que constitui uma peça de sucesso?" Portanto, sinta-se à vontade para usar fita adesiva preta e colar a palavra "Bem-sucedido" na capa – nosso entendimento coletivo determinará se removeremos ou alteraremos esse rótulo em algum momento ao longo da jornada deste livro – vamos começar a procurar.

Você está se perguntando por que escrevi este livro sobre dramaturgia? E por que afirmei que poderia ensinar como fazer o roteiro de uma peça? Você pode estar se perguntando por que escrevi um livro como este sobre como roteirizar uma peça, por que acredito que posso oferecer ajuda?

Bem, escrevo peças há quase 20 anos e recentemente completei minha 48ª peça em vários atos. Nas estreias de peças, muitas vezes ouço perguntas dos atores em relação à escrita: "Como você faz isso? Eu também gostaria de escrever, você não pode dar algumas dicas de como fazer?"

Então eu escrevi este livro. Para te contar como eu faço isso. Isso foi tudo. Infelizmente, não sei exatamente quantas produções de minhas peças ocorreram; a certa altura desisti de tentar. Mas mais de 1.000 se uniram. Como o público e os palcos devem achar meus trabalhos agradáveis de atuar, isso me permite explicar aos leitores exatamente o que é preciso para escrever peças - escrever peças!

Se você quiser aprender a escrever peças de maneira divertida e profissional, ou precisar de apoio ao fazê-lo, sugiro fortemente participar de grupos de trabalho ou seminários. Os cursos de educação de adultos às vezes também oferecem isso. Um desses grupos de trabalho para dramaturgos do baixo alemão - como o grupo de Verden para dramaturgos do baixo alemão - poderia ser de particular ajuda aqui - no entanto, não se deixe intimidar pelo nome "Baixo Alemão". Ao escrever peças usando o baixo alemão, nós nos esforçamos para preservá-lo, mas mesmo que você não saiba falar ou escrever o baixo alemão, isso também não fará diferença! Depois de terminar de escrever as peças com este grupo, você poderá até encontrar tradutores para traduzi-las para outros idiomas/dialetos!

Os seminários do Grupo de Trabalho Verden normalmente ocorrem duas vezes por ano e cobrem tópicos específicos. Devido à adesão de recém-chegados, um breve curso básico é frequentemente oferecido como uma introdução à escrita de peças teatrais; você pode encontrar informações on-line sobre essa opção e também considerar se vale a pena fazer isso ou não por você. É claro que ainda pode haver outros caminhos disponíveis.

Existem outros grupos de trabalho e métodos para explorar como uma peça é escrita.

Sua mão não segura o livro de um dramaturgo experiente ao ler este livro; Sou apenas alguém que começou a escrever através do teatro e desde então se tornou um escritor prolífico. Tudo o que posso oferecer aqui são minhas experiências, conselhos e dicas baseadas nelas – nada mais. Lembre-se, no entanto, que este livro não fornece regras que você deva cumprir; em vez disso, posso apenas descrever minha abordagem.

Se isso não foi suficiente para você e você se sente decepcionado com este livro, então talvez este livro não seja o ideal para você. Por favor, aceite minhas desculpas; talvez trocar ou dar de presente; Espero que quaisquer tiras adesivas da folha de cobertura possam ser removidas sem danificá-las, caso contrário a troca se tornará difícil. No entanto, se você quiser aprender como Helmut Schmidt escreve peças, eu apreciaria essa experiência tanto quanto qualquer outra.

Deixe-me começar dizendo o seguinte sobre mim: tenho certeza de que desafio todas as regras de escrita! Nenhuma lei dita a forma como um escritor deve escrever; entretanto, existem diretrizes que precisam ser seguidas ao criar material para publicação. Recomendo (e uso a palavra intencionalmente), escrever uma peça deve proceder assim: você já tem seu enredo em mente (expressão usada para definir conexões causais de um curso imaginado de eventos até um final esperado), criando assim alguma forma do cronograma manualmente seria o ideal. Isso significa: depois de conhecer o enredo geral, escreva exatamente o que acontece em cada ato e cena até o final. Uma vez alcançado esse estágio, a escrita pode começar para valer em um caderno ou em um computador. A maioria dos editores aconselha os dramaturgos a adotarem essa abordagem ao escrever peças; e a maioria dos dramaturgos certamente segue esse caminho quando começa a escrever sua(s) peça(s). Dito isto, faço diferente - apenas tendo uma ideia e começando a escrever.

Meu processo de escrita não segue cronograma e exposição rígidos. Em vez disso, penso em quais personagens escalar antes de criar um esboço em minha cabeça do que poderia acontecer e, em seguida, começo a digitar a peça inteira diretamente em meu caderno. Infelizmente, nunca sei exatamente como a peça irá progredir ou terminar; minhas peças só tomam forma quando as escrevo - em muitos casos, tudo que sei a princípio é o título! Então, se você gosta da minha abordagem para escrever, podemos ser ótimos parceiros!

Ah, mais uma coisa: quando se trata de escrever para grupos de teatro, meu foco tende a ser produções amadoras e não palcos profissionais – algo que os editores sempre me lembram. Então aí está você. Escrever exclusivamente para estágios profissionais me dá a capacidade de ser mais flexível em alguns aspectos; Eu poderia incorporar vários cenários e fantasias. Mas qual seria o sentido de oferecer meu trabalho apenas a alguns teatros seletos e desinteressados? Pode levar anos, talvez nunca sendo realizado em palcos amadores porque o esforço que exigiria certamente excederia as suas capacidades. Não faz mais sentido escrever peças que possam ser implementadas de maneira fácil e divertida por atores amadores e, ao mesmo tempo, atender aos requisitos de nível e qualidade de palco profissional? Acredito que sim e é por isso que, ao escrever, considero principalmente os grupos leigos. Cada grupo precisa de uma peça a cada ano. Vamos celebrar juntos alguns clássicos que admiro particularmente; estes, sem dúvida, continuarão sendo meus favoritos por muitos anos! "Meu marido vai para o mar" e "O cavalheiro mobiliado" são grandes clássicos do teatro; entretanto, peças modernas (como "Meu marido vai para o mar" ou "O cavalheiro mobiliado") podem ter maior relevância. E para os grupos de teatro que apresentam as suas peças em baixo-alemão é particularmente crucial que cheguem ao público jovem; isso pode não acontecer com obras ambientadas nas décadas de 50 a 70.
Agora é um momento oportuno para apresentar a história do teatro e começar por delinear as suas características centrais, tal como afirmadas por Aristóteles: a principal característica do drama é a apresentação de acção orientada pelo diálogo, diferenciando-o da narrativa épica. Poderia haver livros inteiros escritos sobre este tema, mas em vez disso sugiro ouvir seminários ou visitar fontes online para descobrir suas raízes.

Você ainda está aberto à colaboração? Eu agradeço. Caminhemos juntos por esse caminho que leva à produção da nossa primeira peça, que pode até se tornar um sucesso! Estou ansioso para ajudar. Eu estou feliz.

A cerca de 25 quilómetros da casa dos meus pais, trabalhei como disc jockey numa discoteca nos fins de semana de 1984 a 1991, uma daquelas pequenas discotecas de aldeia que hoje já não existem. Lá toquei discos individuais de C.C. Richards, bem como canções escritas especificamente para esta discoteca por outros compositores como Johnny Stein (que infelizmente não existem mais hoje). Catch, Modern Talking, bem como U2 e Queen estavam tocando nos alto-falantes naquela noite, enquanto eu atuava como um dos DJs responsáveis por fornecer informações aos convidados através do meu microfone sobre cada artista ou música enquanto tocávamos cada faixa e os empolgávamos! Dançar foi muito divertido; quem dança muito precisa beber alguma coisa; tática de negócios inteligente! Todas as noites eu tinha permissão para atender aos pedidos musicais de jovens como Edeltraud Trey, que sempre quis "Touch by Touch" de Joy como sua música escolhida. Foi aqui que Edeltraud Trey entrou na minha vida! A certa altura, Edeltraud me contou que estava participando de teatro com um grupo amador e que a estreia deles seria em breve. Assisti e gostei muito da apresentação deles; quase um ano depois, Edeltraud me disse que um de seus membros havia saído e que eles queriam desesperadamente se reunir o mais rápido possível.

Como Edeltraud queria alguém "mais jovem", decidi me juntar ao grupo de teatro Stapelmoor em Rheiderland e interpretar o jovem amante de Edeltraud - sempre desempenhando bem o meu papel e gostando muito da performance teatral! Depois do segundo ano, porém, percebi que muitas das peças selecionadas por Spolbaas não eram muito modernas e comecei a explorar outros grupos de teatro e quais obras eles apresentavam. Entre os 20 grupos de teatro que operam em Leer, muitos apresentavam peças tradicionais ou mesmo clássicas no estilo dos anos 1950. Naquela época, meus amigos e eu tocávamos em baixo-alemão; naquela época já estava ficando claro que esta língua deveria ser mais promovida nos jardins de infância e nas escolas porque cada vez mais crianças ouviam apenas o alemão padrão dos pais. Ao considerar a melhor forma de promover o baixo alemão em grupos de teatro amadores, percebi que simplesmente apresentar peças antigas dos anos 50 e 60 não funcionaria. O teatro também deveria existir hoje para continuar relevante. Atrair jovens para o teatro e o baixo alemão era uma preocupação especial. Ensaiei "Funfair in 't Dorp" com meu grupo de teatro em 1989 - apresentando vários momentos divertidos, mas sendo apenas mais uma comédia de fazendeiros dos anos 60. No verão do mesmo ano, comecei a usar uma máquina de escrever Olympia e tentei escrever a minha própria peça. Embora naquela época eu tivesse apenas uma experiência mínima em jogos, meu objetivo era escrever algo sobre as bodas de prata que se aproximavam como meu primeiro trabalho. Ela quer uma grande festa - ele está desempregado há várias semanas, mas sai de casa todas as manhãs, escondendo o seu destino da esposa para não estragar a alegria dela com este marco emocionante. Meu enredo girava em torno de encontrar formas de pagar por esta celebração; daí a criação da peça de três atos "Two Boys Too Many". No final do verão de 1989, meu trabalho foi concluído, apesar de inicialmente me sentir envergonhado; graças ao apoio da Edeltraud, já foi realizado inúmeras vezes com grande sucesso.

Diedrich Wessels foi nosso diretor de jogo. Ele disse que era muito longo e precisava ser reduzido significativamente; Trabalhei nisso com ele e estreamos com nosso grupo de teatro em Stapelmoor em fevereiro de 1990 - quase sempre tocando para públicos lotados? Você considera que foi uma peça de sucesso?

Como 2018 foi diferente dos anos anteriores? Eu não acredito nisso; é uma resposta totalmente normal quando as pessoas ficam sabendo de um membro de um grupo de teatro amador escrevendo seu primeiro trabalho e ficam curiosas para vê-lo - isso não reflete sucesso, mas mesmo assim tem boas críticas. Como escrevi a comédia pensando no riso, mas sem ser muito "monótono", surgiram rapidamente perguntas de vários palcos que queriam saber onde esta peça poderia ser vista; forçando-me assim a encontrar editores. Como eu sabia que nosso grupo de teatro comprava peças de Karl Mahnke em Verden - ainda a principal editora da Alemanha quando se trata de peças do baixo alemão e onde são publicados muitos clássicos conhecidos - enviei meu trabalho e esperava que fosse aceito lá. Mas depois de algumas semanas, meu manuscrito foi devolvido e fui informado de que ele não poderia ser publicado como está e precisava de trabalho antes que a publicação pudesse ocorrer. Além disso, fui convidado a visitar o grupo de trabalho Verden, o que me deixou indignado; tendo desempenhado o papel principal em uma peça incrível várias semanas antes, que recebeu aplausos de pé, não fazia sentido que essas mesmas pessoas estivessem me escrevendo cartas dizendo que meu trabalho não era bom o suficiente quando elas mesmas nem o tinham visto!

Hoje posso rir disso; mas acredite na minha palavra - o mesmo pode acontecer com você. Depois de o meu trabalho inicial ter sido aceite para publicação, passei a fazer parte do grupo de trabalho de Dieter Jorschick - não me arrependo de ter sido aí ensinado, pois o que foi ensinado teve uma enorme influência na qualidade e no nível dos meus trabalhos subsequentes, dos quais muitas vezes discordámos. (às vezes com muita força!) Como alguém que não se intimidava facilmente, eu também não queria esperar depois de terminar meu artigo para editar ou mudar alguma coisa - em vez disso, era impetuoso na tomada de decisões e queria que meu trabalho fosse publicado imediatamente após o primeiro trabalho ter sido publicado. terminou - algo que Dieter Jorschick tornou possível com sua paciência, embora às vezes desagradável (embora). Desafiador como sempre, quando chegou a hora de editar ou alterar qualquer coisa (até mesmo um efeito impactante significativo na melhoria de trabalhos posteriores que discutimos durante o grupo de trabalho). Dieter Jorschick nos ensinou algo inestimável nesses assuntos! (embora muitas vezes discordássemos!) Embora às vezes eu mesmo teimoso e teimoso em editar depois! Mas depois de terminar, foi decididamente publicado imediatamente, sem necessidade de alterações, depois de ter escrito algo novo tão rapidamente, depois de ter começado algo tão rapidamente; isso significava ter lido novamente antes de iniciar o processo de edição, é claro (não importa...).

Como já haviam chegado consultas de vários grupos, o que devo fazer? Procurei outra editora e lá gravei meu ensaio; embora, ligeiramente editado para eles também. Feito isso, minha confiança aumentou rapidamente; levando-me assim a começar a próxima peça imediatamente; o que eventualmente me levou a escrever mais e mais deles! De repente, tornei-me um escritor extremamente prolífico - sim - alguns editores pensam o contrário, mas não para mim; meu trabalho não precisa de revisão intensiva quando você está produzindo mais trabalho! Eu penso o contrário!

Bem, tudo aconteceu em 1990 e agora acabei de apresentar minha 48ª peça em múltiplos atos com este título: Quatro mãos para um úbere". - Conforme o roteiro.

O tempo passa...

Mas deixe-me primeiro perguntar por que você quer escrever uma peça. Deixando de lado qualquer conversa sobre sucesso neste momento - não nos conhecemos e nada sobre sua formação sugeriria que isso seria adequado como autor - não entre em pânico; escrever não exige doutorado, formação específica ou diploma, que eu certamente não possuo (então começamos os dois do zero!). Então, quem poderia ser você está tentando ser?

Aqui estão alguns exemplos:

Você é um homem de 40 e poucos anos, trabalha como corretor de imóveis, é casado, tem três filhos, joga futebol no time masculino sênior nas horas vagas e foi recentemente persuadido por sua esposa a ingressar em um grupo de teatro amador com o qual está envolvida há anos, que você realmente gosta e que agora o entusiasma e emociona tanto que escrever peças de teatro se tornou algo que você deseja experimentar? - Tudo bem então.

Imagine o seguinte: você é uma mulher solteira com quase 50 anos ou início de aposentadoria que está passando por um certo tédio em casa, mas gosta de ir a eventos de teatro de vez em quando e pensa: certamente posso fazer o que este autor escreveu? - Aceitaram.

Seus 20 e poucos anos estão cheios de incertezas sobre qual carreira seguir. Você é um leitor ávido com pontos fortes em alemão e redação escolar? - Excelente. Você é apaixonado por teatro? - Fantástico.

Algum dos exemplos ressoa em você? Não importa a sua idade, tipo de formação ou motivo para querer escrever, o fundamental é que a sua escrita venha de dentro - seja no envolvimento com o teatro e seu tema. E acima de tudo: você deve reservar tempo suficiente para este trabalho como dramaturgo - comecei como um trabalho de meio período e continuo essa prática até hoje - essa abordagem é absolutamente adequada, apenas certifique-se de aproveitar todas as horas disponíveis para escrever!

Basicamente, escrever deve ser divertido para você - ler é ainda melhor - assim como ir ao teatro. Por já ter estado no palco antes - mesmo em um palco amador - e desempenhado alguns papéis você mesmo - você está muito melhor preparado para se tornar um autor - algo que eu mesmo fiz quando comecei esta empreitada.

Embora eu não conheça suas motivações para querer escrever, será que uma peça te incomodou e você quer mudar isso? Talvez você tenha assistido a uma apresentação, talvez em um palco estabelecido, onde não conseguiu entreter? Ou faça com que o público do seu grupo de teatro tenha notado melhores produções dos anos anteriores; ou mesmo você estava insatisfeito com a peça geral e com o seu papel. Então você quer melhorar isso? Por que não? -

Você está escrevendo uma peça porque seria divertida e traria uma renda adicional como parte do seu trabalho de tempo integral? - Isso também é ótimo. Qualquer que seja a motivação - tudo o que realmente importa é que ela atenda a uma necessidade profundamente arraigada dentro de você de escrever algo dramático! O principal é simplesmente fazer o que faz sentido para VOCÊ - não importa as motivações por trás disso.

Você ainda está aí e está pronto? (OK.). Dito isto, continuemos. Muitos acreditam que escrever é algo herdado; pessoas com habilidades de escrita não aprendem apenas através de estudos acadêmicos - deve haver algo genético em seu talento que transparece; alguém precisa de uma inclinação para algo assim neles." [Essas pessoas] tendem a pensar: "Oh, se alguém pode escrever, isso deve ter vindo de algum lugar profundo dentro de si - você não pode aprender a menos que já haja talento lá]. Mas isso não precisa ser verdade; todos podem aprender se receberem apoio suficiente. [Essas pessoas muitas vezes acreditam] [...] mas aprender é possível!" Seu povo tende a pensar:

Aos 10 anos, na 5ª série, minha mãe costumava escrever minhas redações para a escola nas quais eu estava tendo dificuldades - as habituais como: "Minha mais bela experiência de férias" ou "A tempestade", conforme ditadas pelos professores. Esses tipos de ensaios narrativos eram difíceis para mim; minha mãe era excelente nisso; em 20 minutos ela completou lindas redações para mim que sempre obtiveram boas notas na escola - obrigada, mamãe! Infelizmente, meu interesse pela escrita só surgiu mais tarde, aos 25 anos.

Não existe nenhuma lei que estabeleça requisitos específicos para se tornar um dramaturgo. Contanto que você atenda a alguns ou todos os critérios a seguir, sua carreira como dramaturgo deverá correr bem:

Você é alguém que gosta de socializar, tanto de conversar com os outros quanto de ouvir?

Você gosta de se manter informado sobre acontecimentos mundiais e locais, ler jornais e romances, assistir teatro, cinema, ópera e concertos, bem como eventos culturais como palestras?

Você é uma pessoa que gosta de assistir filmes na televisão, além de diversos talk shows, reportagens e séries de vez em quando? Você consegue prever no meio como um filme terminará?

Você pode responder sim a algum ou a todos esses pontos? Bem, então o que estamos esperando?

Claro, você poderia comprar um bloco e um lápis e começar a escrever, mas nenhum editor hoje aceitará um manuscrito manuscrito como material para submissão. Escrever pode não ser mais possível na nossa era moderna sem computadores, meios de armazenamento e programas de processamento de texto como o Word. Eu recomendo fortemente o uso do "Word" para projetos de dramaturgia que serão publicados. Software de captura e edição de texto da Microsoft; Os editores também costumam confiar nisso. Para um desempenho ideal, os revendedores especializados oferecem a versão mais recente. Embora a compra deste programa custe aproximadamente 100 euros, os seus benefícios não se limitam à simples introdução de texto num computador; usuários de notebook também se beneficiam. Anos trabalhando exclusivamente em notebooks me deram a vantagem da flexibilidade; Posso levá-los comigo para qualquer lugar e usar o aparelho sempre que necessário. Tanto o hardware (o notebook) quanto o software (Word) estão agora prontos e aguardando para capturar quaisquer ideias que surjam. Se este processo for muito rápido para o seu gosto e você preferir trabalhar sem computadores, se esta abordagem parecer muito rápida, então começar usando bloco e lápis também pode funcionar; daqui para frente você pode sempre levar consigo um pequeno livreto e uma caneta para fazer anotações conforme necessário; mas seu trabalho final deve ir para um computador; portanto, seria mais sensato você se acostumar a usar um desde o primeiro dia.

Comece encontrando o espaço ideal para escrever. Certos autores insistem que deve ser uma sala vazia com a sua mesa no lugar - basta fechar a porta atrás de você, deixar de lado tudo ao seu redor e começar a escrever com foco total!
Bom, se é assim que alguns autores escrevem, não há nada de errado nisso; mas sugerir que a escrita só pode ocorrer desta forma é um completo absurdo.
Encontre um espaço que fale com você e não permita que ninguém dite onde ou como ele deve ser. Acho que ter bastante iluminação e um ambiente convidativo são especialmente essenciais. Certamente tenho um escritório com mesa; no entanto, também gosto de escrever na minha sala enquanto estou deitado no sofá com o caderno apoiado nas coxas e esperando a inspiração surgir. Também não há necessidade de silêncio absoluto; linda música ajuda meu foco! O estilo de escrita de Chris de Burgh é aquele que aprecio particularmente por escrever ao ar livre quando o tempo está bom - também gosto de sentar no terraço ou no banco do parque e escrever enquanto faço longas viagens de trem! Mesmo em voos, escrevo com

frequência. Há até autores que gostam de sentar em cafés com seu caderno e escrever na frente de outras pessoas; se esta abordagem fala com você - explore-a! Tudo é possível.

No que diz respeito à escrita, a localização depende inteiramente de você; encontre um lugar confortável onde você se sinta mais relaxado, mas certifique-se de que outras pessoas não interrompam ou perturbem com muita frequência; isso deve permitir que você se concentre. Se você tem família, informe-os com antecedência que gostaria de ter algum tempo ininterrupto para escrever. Hora do dia para escrever

Assim que você se sentir pronto e motivado para escrever, mergulhe! Quando seu humor piorar ou você se sentir desanimado - talvez porque alguém importante faleceu - não escreva. Espere um ou dois dias até que seu ânimo melhore antes de começar a escrever novamente. Se algo o perturbou profundamente – como perder um de seus amigos mais próximos – escrever muitas vezes pode trazer conforto.

Se um ente querido morreu ou você está passando por algo mais significativo que o incomoda, escrever é provavelmente impossível - esse processo pode até levar semanas ou meses! Nem se preocupe em tentar!

Não se force a escrever apenas para distrair qualquer mau humor, pois isso não funciona. Muito menos pensar nisso como uma opção!

Não existem regras definidas sobre por quanto tempo os escritores devem escrever, mas uma a duas horas por vez (cerca de 1.000 palavras) deve ser suficiente para um trabalho produtivo. Evite escrever apenas uma vez por mês, pois será muito difícil encontrar seu tópico novamente - em vez disso, viva seu trabalho. Pense e discuta seu artigo com outras pessoas quando não estiver digitando; algumas idéias para seu desenvolvimento posterior surgem frequentemente mesmo sem digitar nada! Esteja atento ao que já foi escrito até agora e antecipe o que pode acontecer a seguir (cena, ato). Sinta-se à vontade para fazer pausas - mesmo que por vários dias - sempre que desejar! Você é bem-vindo mesmo durante as pausas - fique à vontade mesmo por dias a fio!

Certa vez, dramaturgos compartilharam comigo que leva dois anos para escrever uma peça - normalmente escrevendo 20 páginas antes de guardá-la por três meses e retornar três meses depois para continuar trabalhando nela. Quando finalmente concluído em sua versão aproximada, após vários meses, eles o retrabalham mais uma vez.

Imagine minha surpresa ao saber desta notícia; tal arranjo nunca passaria pela minha cabeça! No entanto, se escrever continua a ser a nossa paixão conjunta, então esqueça este assunto à medida que a vida passa rapidamente.

Já discutimos tudo até agora, então? Maravilhoso. - Então vamos trabalhar agora que está tudo pronto? Seu computador ou notebook está equipado, ou pelo menos bloco e caneta, além de um espaço de trabalho ideal pronto? Agora é um momento e um lugar oportunos para todos nós. Vamos em frente - isso deve bastar por enquanto.
Os preparativos estão completos e agora é hora de focar na questão principal: sua primeira peça!

Sua peça começa com sua ideia básica. Normalmente, isso pode ser descrito em uma frase longa que apresenta perguntas em vez de afirmações; a partir daqui, os personagens e o enredo geralmente se formam organicamente - por exemplo:

"Imagine isto: se um ginecologista diagnosticasse uma mulher de 45 anos como grávida; mas no mesmo dia sua filha comparecesse com o mesmo sobrenome para uma coleta de sangue e algo desse errado, qual seria o resultado?" (a receita do sucesso)

Como reagirá uma das famílias mais ricas da Alemanha quando as notícias sugerirem que um cometa atingirá a Terra dentro de semanas e provavelmente acabará com toda a vida na Terra? *(Pyramids of Time) Musical atualmente em desenvolvimento

"O que aconteceria se dois homens desempregados começassem a oferecer um serviço de acompanhantes para mulheres?"*(Bem-vindo ao Chez Andre) "Dois moradores de rua usavam uma casa de férias abandonada em uma ilha como abrigo durante os meses de inverno, mas esta casa está sendo vendida e uma família está se mudando"*(Heideweg No. 11)

Um químico amador cria um soro destinado a eliminar todos os vestígios de odor de suor e realizará testes com cobaias voluntárias." *(O professor maluco).

*Títulos das minhas peças que foram inspiradas nessas ideias básicas. mes Você entendeu? Geralmente, apenas uma frase é suficiente para uma ideia; escrever um pode até ajudar. As ideias podem chegar até nós em qualquer lugar e a qualquer hora; por exemplo, em 1991, quando Renate e Stefan Brommelhaup se casaram em nosso local de trabalho, eles me contaram sobre todos os seus intensivos preparativos para o casamento com meses de antecedência - eu participei da cerimônia como um observador sentado na igreja e observando.

Você sabe a resposta para essa pergunta? Na peça, tudo o que poderia dar errado durante os preparativos do casamento e a própria cerimônia dá! Isso cria uma ótima comédia que o público adora!

Acho que é por isso que esta peça é tocada com tanta frequência; a maioria do público testemunhou pelo menos um casamento na família; ou os seus próprios, antes de assistir a esta peça. Tornar o seu dia mais lindo (às vezes não!!) memorável requer uma preparação completa - mesmo assim as coisas ainda podem dar errado, o que torna o drama ainda maior quando visto no palco! E como ninguém quer vivenciar isso em primeira mão, o público gosta de ver essas representações se desenrolando diante deles no palco!

Deixe-me dar outro exemplo de como funciona a dramaturgia. Se a sua escrita carece de momentos que se tornam fascinantes ou cheios de suspense após várias páginas, então a sua peça não se qualifica como dramática - a peça não pode funcionar sem conflito e tensão!

Construa Banalidade! Esta é uma excelente maneira de aprender teatro. Este processo de duas etapas funciona perfeitamente! Prestar atenção!

Uma jovem numa feira olha para uma roda gigante vazia que gira lentamente em torno dela.

Você acha este tópico e seu drama intrigantes e fascinantes? Talvez não; nesse caso, que perguntas vêm à sua mente assim que você imagina essa cena?

Alguém pode explicar por que a mulher dessa foto está sozinha na feira? Eles estão pensando em andar na roda gigante e aproveitar o passeio? Minhas perguntas estão quase acabando... Nem quero saber mais, pois olhar para uma roda gigante vazia em uma feira pode ser muito chato - ou será que precisam de alguma resposta?!?!?

Então agora vamos estender essa frase:

Uma jovem em uma feira observa uma roda gigante girando quando de repente alguém cai a 30 metros de uma de suas gôndolas! Uau! Agora ISSO é dramático!

E aí vêm as perguntas: Por que aquela pessoa caiu da gôndola? Foi um acidente ou assassinato? Quem estava nesta gôndola, inclusive quem é a jovem que está sentada com ela... Quer outro exemplo para ajudar a se familiarizar com os momentos dramáticos? - Sim por favor!

Casais jovens e felizes querem se casar. Ambos querem fazer isso "virginalmente".

Bem, isso pode parecer pouco convencional hoje em dia - mas cabe a cada indivíduo decidir. Que dúvidas ou questionamentos surgem desta frase? Talvez uma: por que ambos os indivíduos desejam adiar até o casamento? Estendemos este pensamento:

Pouco antes da data do casamento, um jovem casal infeliz decide casar-se sem saber que está grávida - apenas para descobrir que pouco depois a jovem está grávida! Escusado será dizer que agora há mais perguntas do que respostas para todos os envolvidos.

Por favor, tente criar dramaturgia ou um ponto emocionante através de frases como esta - realmente funciona! Além disso, suas ideias podem entrar em sua peça! Você já tem uma ideia do que deve ser sua primeira peça?

Este princípio deve ajudar a determinar se você deseja escrever uma comédia, um romance policial, uma peça ou um musical. Tenha também em mente se deseja ou não escolher entre escrever esboços, peças de um ato e peças de vários atos e em qual(is) idioma(s) escrever.

Naquela época, comecei imediatamente com uma peça de vários atos e desde então me concentrei exclusivamente em comédias. Para os propósitos deste livro, discutiremos comédias completas. Como o alemão padrão é meu idioma de escolha recomendado (embora o baixo alemão possa funcionar se traduzido ou feito para o alto alemão ao publicar sua peça, o editor geralmente também recebe direitos para traduzir sua peça ou romance para outros dialetos, como holandês, alemão suíço ou outro). Como o baixo-alemão pode não ser algo que todas as pessoas possam falar fluentemente, escreveremos nosso artigo usando o alemão padrão - embora o baixo-alemão possa funcionar se for necessário escrever o primeiro rascunho em baixo-alemão, já que o baixo-alemão pode ser traduzido para o alto-alemão antes de ser traduzido novamente antes de ser traduzido novamente antes de escrever tudo em alto alemão, a menos que decidamos escrever nosso artigo!

Sua ideia inicial para a peça não deve vir de lugar nenhum. Não cometa o erro de escrever sobre alguém que vai para a prisão por evasão fiscal e dizer aos parentes que vai ingressar no exército novamente, apenas para que seu navio afunde mais tarde - nem escreva sobre um grupo de teatro que encena peças com ensaio geral e estreia cenas que acontecem dentro de um ato, com resultados humorísticos.

Os entusiastas do teatro já reconhecem estes conceitos: meu marido vai para o mar" e "Nada além de bagunça". Se você escrever algo semelhante a estes, poderá causar problemas com outros autores reivindicando direitos sobre ele; portanto, seria melhor criar sua própria ideia para uma peça e encontrar seu próprio público para ela, em vez de plagiar algo que já existe. Com milhares de peças já escritas, isso ainda é possível hoje? Que tema ou ideias poderiam gerar algo novo em 2008 e além?

Que ideia ainda não foi totalmente utilizada?

Ninguém o acusaria de estar completamente enganado se acreditar que todos os temas básicos já foram explorados. Isso pode incluir herança, ganhar na loteria, nascimento de um filho, desemprego ou falência e muito mais.

Todos estes elementos já existem, mas com a combinação certa surge algo novo - uma peça incomparável. É exatamente isso que cabe a você alcançar.

Tenha a mente aberta e use a imaginação na hora de buscar inspiração; mesmo que seu enredo venha de outra fonte, como filme ou romance, ele deve ser tomado apenas como inspiração e não copiado diretamente em forma de diálogo para publicação como sua peça. Satisfaça o seu lado criativo e tente inventar algo você mesmo.

Agora vamos ter uma ideia para sua primeira peça. O que você acha disso: "Uma mulher de 70 anos que ainda administra uma loja de esquina deveria ser deportada pelos filhos para um lar de idosos." Que associações ou perguntas vêm imediatamente à mente em resposta? Feche o livro primeiro e pense profundamente sobre esta afirmação antes de escrever o que lhe vem à mente, depois leia mais adiante esta ideia para ver se surge alguma dúvida semelhante - eu mesmo rapidamente pensei em cinco dessas perguntas!

Por que as crianças estão tentando deportar a mãe?

O que será da loja e o que seus filhos planejam fazer com ela?
Como a mãe está se comportando – planos que ela está fazendo com outras pessoas, etc.?
E, finalmente, como é pago o lar de idosos?

Meus pensamentos combinaram com os seus? - Você achou o tema envolvente? Espero que sim - esta ideia é minha, mas nenhuma peça foi escrita sobre ela por qualquer autor ainda.
Não há muita confusão sobre o que este tópico abrange. Claro, há peças que têm como tema lares de idosos e lares de idosos; um deles foi apresentado no Teatro Ohnsorg, em Hamburgo, no verão passado, sob o título "Atschuss mien Leeve", enquanto os clássicos também os apresentam com destaque; mas criamos o nosso próprio trabalho usando lares de idosos como pano de fundo e não como cenários.
Como primeiro passo no desenvolvimento da nossa peça, a primeira coisa que devemos fazer é identificar quando ela deve acontecer. Você tem total liberdade aqui - escolha qualquer período de agora até a década de 1970 (os teatros amadores podem achar isso mais desafiador), embora o figurino, o design do palco, o idioma e a moeda devam corresponder de acordo se for tocar uma peça de teatro amador desse período - como figurinos e cenografia daquelas décadas - exigirão cuidado extra durante a apresentação. Os teatros amadores tendem a ter mais dificuldades com isto do que os palcos profissionais quando fazem a peça em si, mas alguns ainda o fazem avançando 20-30 anos - algo que nunca aconteceria numa produção de teatro amador! Então concordamos em começar a partir de 2008 para o nosso trabalho conjunto - está tudo bem para você? Infelizmente não posso oferecer muito mais, já que a maioria das minhas peças acontecem entre aquela época e agora, já que geralmente minhas peças também não existem nessa época!
Penso que seria possível apresentar novamente este trabalho sem fazer modificações significativas, a partir de 2008, devido ao ritmo lento de mudança na Alemanha. Mesmo em 2015, ainda deverá ser relevante e ainda poderá acontecer - não acredite apenas na minha palavra; apenas tenha certeza de que isso pode acontecer conforme planejado. O mundo está em constante mudança; a tecnologia em particular é uma incrível força de evolução que às vezes me preocupa; se eu comprar um telefone

celular hoje, ele provavelmente se tornará obsoleto amanhã, ou antes! No entanto, com peças de teatro, é comum esperar que permaneçam jogáveis durante 10-20 anos sem modificações - algo que observei em obras que escrevi há 10 anos e que sobreviveram quase inalteradas apesar da nossa moeda ter mudado do marco alemão (DM) para o euro. A sua peça poderá, portanto, continuar a ser apreciada pelo público durante algum tempo!

Quem sabe; talvez daqui a 50 anos este filme se torne um clássico atemporal!

Devemos agora abordar o design do palco. Ao longo dos anos, conheci vários grupos de teatro amadores que se esforçaram muito em seus designs de palco; alguns até veem isso como uma oportunidade de mostrar ao público algo especial. Mas poucos grupos escolhem voluntariamente cenários complexos. Além disso, muitas pessoas evitam mostrar cenários múltiplos; para alguns grupos isto é até impossível; talvez em algum momento, ao escrever peças, seja necessário mostrar toda a ação usando apenas um cenário. Eu experimentei isso em primeira mão e achei bastante inofensivo; alguns teatros amadores fazem isso bem. Embora conjuntos profissionais possam usar palcos giratórios sem problemas, nosso foco deve permanecer em palcos amadores; qual teatro amador já tem? Se você deseja que sua peça seja lida amplamente e executada com frequência, evite conjuntos elaborados com vários componentes. Os grupos de teatro têm a flexibilidade de mudar rapidamente de cenário, enquanto imagens completamente diferentes podem desanimá-los - mesmo que a sua peça seja apreciada pelos grupos de teatro.

Agora você pode estar se perguntando que tipo de cenário usar. Suas opções para criar isso são vastas – o céu ou o inferno são dois bons pontos de partida; para a última opção, solicite e descreva esta configuração de estágio adequadamente. Considere considerar locais como restaurantes, padarias, jardins, igrejas, parques de campismo ou esplanadas como cenários possíveis; alternativamente, salas de espera, bordéis, clubes, quartos de hospitais e canteiros de obras também são opções adequadas...
Como todos sabemos de filmes clássicos como "Gossip in the Stairwell" e "The Furnished Gentleman", os corredores podem ser cenários excelentes. Ao escrever sua história e querer que seus personagens aconteçam em algum lugar específico – como o espaço ou a lua – qualquer cenário serve. Lembre-se que todos os atores devem estar visíveis neste cenário!
Como é aqui que a maioria dos personagens se reúne, os autores geralmente selecionam salas de estar ou cozinhas e salas de estar como cenários para suas histórias. Isto faz sentido, uma vez que as salas de estar e as salas de estar são os pontos focais dos apartamentos; tornando assim seu uso como cenários naturais e realistas. Os banheiros em residências unifamiliares pareceriam ainda mais inadequados como cenários; não admira que não tenha pegado mais! - No entanto, nada se opõe à utilização de grandes instalações sanitárias com vários cubículos e lavatórios (por exemplo, casas de banho de hotéis ou restaurantes) como cenários; Eu nunca vi um antes, mas se isso incomoda você, por favor, não hesite - não me importo se isso incomoda você, por favor, me avise!

Você é fascinado por diferentes designs de palco? - Você está interessado em uma cenografia extraordinária, ou mesmo em diferentes para cada ato de sua peça? Tudo bem. Então, talvez um bordel para o Ato I do seu trabalho, depois o Ato II do canteiro de obras e o Ato III do espaço... Eu não aconselho isso, mas encorajo a experimentação, pois isso exigiria construtores de palco profissionais que poderiam alcançar o que você pede - algo que grupos amadores são menos capazes de fazer em comparação com os construtores profissionais - com cada ato tendo três conjuntos exclusivos exigindo equipes de construção separadas - portanto, o que isso traria para você? - E é mais do que provável que resultados surgiriam com isso... então o que grupos amadores podem obter com vários cenários de palco do que tentar algo assim...? - Amadores evitam conjuntos complexos como este!

Agora precisamos chegar a um acordo sobre a cenografia para seu primeiro trabalho, mas qual devemos selecionar? Uma opção seria focarmos numa mulher, nos seus filhos e nesta pequena loja como cenário. Dado que ela provavelmente desempenhará um dos papéis principais, o ideal é que esse cenário ocorra onde essa pessoa costuma passar seu tempo, como onde sua loja pode ser instalada, pois isso pode servir como o cenário perfeito - no entanto, mantenha os seguintes fatores em mente antes de fazer isso:

Exibir uma loja totalmente mobiliada exige um trabalho considerável para grupos; provavelmente haverá necessidade de comida e adereços. Caso a mulher precise entrar em uma casa de repouso (ainda não sabemos se os filhos conseguem ou não), o que acontecerá com a loja depois. Dependendo dos desenvolvimentos, provavelmente abriria novamente como outro empreendimento.

A cenografia exige tempo e esforço, por isso sugiro colocar esta peça na cozinha-sala desta mulher, com uma passagem indireta que leva diretamente a uma loja ao fundo. Isso parece muito bom e permite que os espectadores imaginem, mesmo que não vejam diretamente. Desculpe, estamos voltando para comer em cozinhas; mas esta solução parece ideal aqui. Você concorda? Excelente.

No início de qualquer peça, seu autor deve descrever sua cenografia. Você não deve apenas ter em mente o cenário do cenário, mas também salas não visíveis para o público, mas ainda assim significativas para o que está acontecendo; embora você não precise descrevê-los. Todo cenário precisa de uma entrada e uma saída – ncste caso, uma porta. O local onde será colocado dependerá da sua peça - se não importa, basta escrever na sua descrição. Imagine o nosso design de palco de forma que a grande passagem que leva à loja seja colocada na parte de trás - contra a parede traseira - de modo a ficar longe de quaisquer possíveis distrações externas. À sua direita há uma porta que leva diretamente para fora; enquanto à sua esquerda está outro que leva a outras salas. Cozinha, Quarto e Banheiro) Como nosso protagonista nem sempre estará presente na loja, na cozinha ou fora de casa; portanto, a porta esquerda faz todo o sentido como entrada para outras partes da residência do nosso protagonista. Portanto, se agora temos três portas (ou duas portas e uma passagem), é necessário determinar se uma janela ainda é necessária ou desejável. Uma janela sempre acrescenta interesse visual; mas se o propósito da sua peça não tiver significado (ninguém precisa olhar para dentro ou para fora, não há como escapar pela janela, etc.), simplesmente dispense-o ou deixe-o para o design do palco.

Com base no seu tamanho e possibilidades, o design do palco pode ser feito internamente por você mesmo. Se a escrita ou o processo criativo dá origem a uma ideia de algo lúdico com janelas ou suas molduras que também é parte integrante da cenografia, isso é necessário; mas não force os cenógrafos da companhia de teatro com detalhes que não contribuam com nada substancial ou necessário para a peça; simplesmente porque torna a escrita mais criativa!
Considere essa ideia em sua cabeça. Minha sugestão não requer janelas; duas portas (direita e esquerda) com passagem de volta à loja são suficientes.

Agora que sabemos que nossos objetivos estão claros, vamos preparar a sala. Forneça o máximo de detalhes possível, mas deixe espaço de manobra suficiente para que os grupos criem suas próprias obras de arte; e procure não incluir detalhes desnecessários à peça. Como diretor de jogo e construtor de palco, se você descreve um sofá cinza como algo proeminente em uma sala, eu gostaria de saber por que essa cor específica é tão importante para sua peça. Então deixe algo assim de fora só porque é assim que você imagina, mesmo que não tenha absolutamente nenhuma relevância. Assim que sua peça for publicada e apresentada, você certamente testemunhará diversas produções dela - cada produção também diferindo consideravelmente nos elementos de design de palco. Antes de fazer solicitações, certifique-se de considerar os componentes que apoiam e fortalecem sua peça como parte de suas necessidades de design de palco. Os móveis devem combinar com cada personagem. Já que decidimos por uma senhora mais velha para nossa peça (vamos chamá-la de Lady X por enquanto), presumo que ela será uma das personagens mais simpáticas dela. Aos 70 anos, ela pode não estar muito bem financeiramente - mas ainda assim deseja administrar a loja da esquina como uma fonte de diversão. Mas se ela for querida em seu local de trabalho, então sua gestão de dinheiro certamente será melhor administrada - algo que também impacta em nosso design de palco - que certamente poderia alterar sua aparência de forma diferente na sala de estar de uma pessoa rica e antipática em comparação com a de Lady X? - Neste momento vejo uma cozinha-sala limpa e aconchegante que não indica riqueza nem pobreza. Você é do mesmo jeito? No entanto, se imaginarmos que os filhos da Rainha X retiram todos os seus ganhos, forçando-a a gerir a loja mesmo na sua velhice, apesar das dificuldades financeiras - então a situação muda completamente e o design do palco pode certamente tornar-se mais esparso.

Desde a abertura do palco, a pobreza de Nossa Senhora torna-se evidente através da cenografia - sem necessidade de qualquer diálogo - fazendo uma declaração imediata sem necessidade de diálogo de nenhum dos nossos atores. Infelizmente, isso se transforma mais em um drama porque o tema parece muito sério e dramático... Achei que tínhamos concordado em comédia - e essa segunda opção de cenografia não foi exatamente o que combinamos - espero que você sinta o mesmo.

Imagine este quarto mobilado e descreva-o na sua peça. As salas de estar da cozinha normalmente contêm assentos, como um banco de canto ou simplesmente mesa e cadeiras; dado que a nossa senhora já tem 70 anos, uma poltrona pode fazer mais sentido; MAS: Não hesite em brincar e usar acessórios e móveis de forma criativa!

Se houver uma escultura chinesa na sua peça, a sua presença deve fazer sentido em termos de contexto. Se um leitor de CD ou uma televisão estiverem listados entre os seus critérios de descrição, então estes também deverão constituir uma contribuição razoável.

Em algum momento, os esforços de um construtor de cena exigirão o uso de dispositivos de lastro e esforço. Quando isso surgir em uma cena de atuação, anote que esta foto pertence a ela, se aparecer. Se um ator usar um em uma cena de ação em uma parede adjacente, anote também! Se esta fotografia emoldurada passar a fazer parte de outra cena, anote também esse local como prova de que esta foto em particular vem dela.

Para começar, as imagens devem ser penduradas como parte do jogo desde o início. Se uma imagem não faz parte do jogo, entretanto, não se sinta limitado por pendurá-la diretamente na parede; Pequenos objetos bonitos que você pode encontrar em sua cozinha também podem funcionar; a maioria dos construtores de palco tende a incorporar essas decorações de qualquer maneira.

Cenografia (Calendários, Flores, Decoração de Mesa e Armários etc) Fui claro? Não?

Permita-me ilustrar o que o design do palco para esta peça pode envolver:

Projeto de palco:

Esta cenografia retrata a cozinha-sala de estar da Sra.... (Senhora X). Na parte de trás, uma abertura leva à sua mercearia - visível de todos os assentos - apresentando diversas embalagens de alimentos e bebidas ali disponíveis, cartazes publicitários da referida loja, bem como cartazes publicitários promovendo a referida mercearia. Uma cortina feita de contas de madeira ou tiras de pelúcia impede que alguém veja através dela, a menos que alguém passe por ela. Há uma porta que leva para fora, para os lados direito e esquerdo.

A sala de Lady X é mobiliada de forma confortável e simples, com sofá, duas poltronas (ou banco de canto), mesa, armário e telefone; há também tomadas telefônicas e CD players nas proximidades, bem como três fotografias nas paredes retratando seu falecido marido, seu filho e ela mesma (veja a figura à direita).
Nora e neta) com alguns romances expostos numa estante aberta fixada na parede.
Se você precisar de vários cenários para outras peças que estiver escrevendo, detalhe cada cena individualmente: Ato 1: - Ato 2: etc. Satisfeito? - Ok, quando eu estava pensando na nossa cenografia percebi que em algum momento usaria o telefone; a música também pode adicionar profundidade. Para Lady X ler; quadros em suas paredes simbolizam o calor familiar que também pode ter um significado nesta peça; aqui já pensei em nossos personagens que aparecerão nos próximos capítulos da nossa peça!
Muitos autores, inclusive eu, gostam de usar a seguinte frase popular no final das descrições dos estágios: "Todos os outros equipamentos são deixados para o grupo de recreação". Isso permite alguma liberdade aos cenógrafos e, ao mesmo tempo, espera que os grupos de teatro coloquem no palco coisas que pareçam apropriadas com base na peça e no diálogo. A maioria dos grupos de teatro amador coloca muito cuidado e reflexão em seus projetos; infelizmente nem toda pessoa consegue esse feito!
O que aprendemos agora foi simplesmente delinear os requisitos definidos para esta peça.
No entanto, os mesmos princípios se aplicam a cada design de palco que você precisa: descreva-o detalhadamente e ainda deixe algum espaço livre no palco. Assim que os cenários começarem a subir e tomar forma à sua frente, seu coração poderá inchar; apenas para mais tarde ver algo errado ao olhar as fotos tiradas desses conjuntos; isso acontece com muita frequência!
Grupos de teatro amadores - não importa o quão minuciosamente você descreva sua cenografia - às vezes esquecem algumas peças essenciais, mesmo depois de tomar medidas para incluir tudo o que é necessário para o sucesso em sua cenografia. Quando se trata de adereços que só precisam ser usados uma vez por ato, como aqueles necessários antes de cada cena no início de cada ato. Ocasionalmente, isso significa sentir falta deles! Quando isso ocorre, eles não devem ser incluídos como parte do cenário geral, mas antes de cada cena.

Neste ponto, o design do palco deve estar completo. Você adquiriu compreensão suficiente sobre quais cenários podem e devem ser solicitados a vários grupos como cenário e o que deve ser totalmente evitado.

Supondo que já tenhamos uma ideia e um cenário descritos, vamos passar para um dos capítulos mais cruciais: personagens ou protagonistas. Uma decisão importante será quantas incluir; devo incluir apenas o meu número ideal ou devo também considerar a minha capacidade e considerar outros elementos que entram em jogo como parte do seu processo de decisão? Fato: Sua peça pode incluir 20 ou mais atores sem quebrar nenhuma regra; performances encenadas e exibidas em teatros ao ar livre geralmente apresentam de 30 a 50 atores ao mesmo tempo, especialmente produções históricas que geralmente utilizam ainda mais. Adoro assistir coisas assim. Também há muito espaço externo; um grande palco ao ar livre poderia facilmente acomodar 50 artistas, se necessário, mas para nossos propósitos aqui, vamos nos concentrar em pequenos espaços ou palcos que também poderiam apresentar grandes artistas. Os grupos de teatro amador geralmente requerem apenas um certo número de atores ativos; o número depende inteiramente de suas ideias e do enredo - às vezes doze podem ser suficientes; outras vezes, apenas quatro são necessários. Nas estreias das minhas peças, os diretores costumam solicitar mais atores. Nosso grupo é composto por 15 membros ativos; seria maravilhoso se todos os 15 pudessem participar." Entretanto, quando estou noutra cidade ouço frequentemente: "Oh, por favor escreva mais peças com menos jogadores no futuro; nosso grupo é composto apenas por 6 pessoas e nem todos querem um papel".

"Bem, como é difícil agradar a todos os palcos, aqui vai minha recomendação: Para 7 a 8 pessoas por peça para garantir facilidade e acessibilidade na maioria dos palcos. No entanto, você pode tentar escrever um com 6, 10 ou 13 pessoas como alternativa ; mas de modo geral 7-8 é o ideal."

Cada personagem requer um nome. Você pode dar a cada um deles uma identidade distinta; entretanto, evite usar nomes de personalidades conhecidas, pois pareceria bobagem seus protagonistas terem nomes como Helmut Kohl, Heidi Kabel ou Veronica Ferres - isso poderia até causar conflitos. Mas mesmo que os nomes dos seus personagens não sejam "famosos", certifique-se de que sejam os nomes apropriados. Se houver uma empresa de destaque como a Apple que possa aparecer, por exemplo. Se A. for dirigida por Hans e Beate Hansen, Ludger Memmen ou Detlef Meyer como parceiros casados, então seria prudente não mencioná-los diretamente em seu artigo. Há pessoas que têm pouco interesse por teatro, mas ouvir ou ler seu nome em uma obra desconhecida pode causar danos emocionais à sua personalidade. Se esta infeliz coincidência envolver duas pessoas reais de uma grande empresa ou contexto semelhante; ninguém deveria culpar você!

Meus personagens geralmente tiram seus nomes de uma lista telefônica antiga. Agora também há opções de CD-ROM. Ao criar minhas histórias, às vezes misturo nomes e sobrenomes de maneira criativa; você decide a melhor forma de abordar esse desafio. Vamos conversar sobre como nomear nossos personagens e escalar nossa peça. Para começar, a Rainha X desempenha um papel importante. Qual nome seria mais adequado para ela? - Talvez Leni Kramer de seu nome original Helene seja suficiente, ou que tal Gerda Krupp ou Johanna Muchal ou Gesine Peters poderiam servir melhor dependendo do seu gosto pessoal? Outra consideração ao selecionar um nome apropriado é considerar a idade - por exemplo, a Rainha X deve ter entre 17 e 18 anos. Há pelo menos 70 anos, ninguém teria dado à luz. Outro exemplo: se a sua brincadeira envolve um pastor, seus filhos podem ter nomes como Simão, João, Maria ou Ester - essas sutilezas podem ser aprendidas rapidamente - confie em mim! Às vezes, um nome pode ajudar a definir quem é um personagem; isso pode depender da preferência pessoal; para uma jovem simpática, prefiro Silvia, Helga ou Heidi como nomes a considerar. Tenho tendência a associar nomes como Katharina, Elisabeth ou Gertrud a personagens propensas a conflitos no palco, por isso, ao ler os seus nomes, tendo a visualizar estas mulheres como as responsáveis. Em vez disso, prefiro chamar qualquer figura masculina que pareça um tanto estranha de Joachim Focko Gerd Heinrich ou Kunibert. Sven, Jorg, Andre ou Sebastian não parecem nomes apropriados para tais personagens; você não concorda? Mas, como acontece com qualquer coisa, isso pode ser apenas uma opinião pessoal. *Se algum leitor se identificar como Elisabeth ou Gertrud e acreditar que é uma pessoa adorável, por favor, perdoe meu comentário como uma generalização insultuosa.

A propósito, presumo que nossa senhora X seja de origem alemã – daí seu nome alemão Helene Kramer (conhecida por Leni).
Quem mais deveria estrelar nossa peça? Filho e nora de Leni? Isso estava em minha mente ao descrever a cenografia (fotos nas paredes). Se isso voltou para você - ótimo. Dado que Leni já foi casada, seus sobrenomes provavelmente mudariam; talvez Rudolf e Ina Pleiss? Por que faríamos isso? Dado o nosso acordo de que Leni era viúva, isto parece bastante apropriado para a história. Até agora temos três números; Leni, seu filho e sua esposa. Se Leni se casou quando tinha entre 20 e 30 anos, isso nos dá versões de 40 a 50 anos de cada um. Ambos têm filhos? Seria accitável se assumíssemos o papel de encontrar e contratar um indivíduo que tenha um excelente relacionamento com sua avó e que pudesse desempenhar um papel integral em nossas complicações grupais? Daniel Pleiss funcionaria? Multar. Com essa faixa etária sempre haveria espaço para crescimento entre os grupos – para todos os envolvidos.

Personagens da peça. Solicite informações específicas sobre idade apenas se for realmente necessário; por exemplo, eu poderia dar um exemplo como: "O 75º Aniversário". Idealmente, porém, um ator primeiro se retrataria como tendo 74 anos de idade antes de retratar esse personagem no palco. Nosso artigo centra-se na percepção de Leni sobre a idade de aposentadoria, e isso provavelmente aparecerá em seu diálogo. Portanto, sua idade deveria refletir a realidade com mais precisão do que a de outros personagens. Então, para a nossa Leni, esse número é 70! Os grupos de teatro agora precisam apresentar uma atriz de 70 anos para esse papel, mas os maquiadores são capazes de transformar jovens de 20 anos em mulheres idosas por meio da maquiagem artística. Tornar alguém mais jovem exige mais esforço; se discutir uma idade exata se tornar relevante no diálogo ou for questionado abertamente sobre sua importância, certifique-se de declarar esse fato com precisão no diálogo ou em outras formas de discussão.

Agora vamos aos nossos números. Agora somos quatro: Leni, Rudolf, Ina e Daniel — você lembra da nossa ideia básica? Imagine novamente essa cena com Leni em sua loja e o que pode acontecer. O conflito já existe dentro da nossa ideia básica - caso você tenha esquecido... aqui vai um lembrete: uma mulher de 70 anos que dirige uma loja de esquina deveria ser mandada para um centro de aposentadoria assistida pelos filhos."

Basicamente, essa história pode ser dividida em "mocinhos" e "bandidos". Isso é bom, caso contrário não haveria conflito - o que tornaria qualquer jogo mundano e enfadonho. Ainda exigimos personagens que apoiem o lado de Leni (por exemplo, sua mãe ou seu pai). Os personagens com quem Leni pode discutir a sua situação são importantes: A quem ela poderia recorrer, amigos da mesma idade com quem ela possa discutir planos para o futuro dos seus filhos, talvez um deles também viúvo... Hhm... Isto pode ser bastante interessante ! Vamos escolher dois: Helga Willms e Trude Lehmann são apenas dois nomes que eu inventei - agora já temos seis dígitos; isso é suficiente? Pessoalmente, eu preferiria dois adicionais apenas para aumentar a complexidade - deixe-me saber sua opinião abaixo na seção de comentários abaixo! Eu penso que sim
Seu filho apresentou Leni a um indivíduo que poderia se tornar próximo, apaixonar-se seriamente por Leni ou apenas agir como intermediário em sua conspiração contra Leni? Além disso, que tal as mulheres jovens como possíveis pretendentes? - Daniel poderia conhecer esta jovem através de amizade ou interesse romântico; mas e se o filho de Leni, Daniel, também tivesse um jovem amante? Tudo é possível e pretendo criar os dois personagens; vamos chamar o senhor Karl-Heinz Ahrens e a jovem Gabi Meyer! Neste ponto, acredito que completamos nossa lista de personagens. Embora

indivíduos adicionais possam ser necessários ou personagens existentes eliminados; isso vai depender de como a peça evolui. Vamos montar nossa lista completa, que deve aparecer na página 4 do seu manuscrito e pode ser mais ou menos assim: Jogadores: 5 personagens femininos/3 personagens masculinos

Helene Kramer (chamada Leni) - viúva (70 anos). Rudolf Pleiss - filho de Rudolf do primeiro casamento (40-50 anos). Ina Pleiss era esposa de Rudolf desde seu segundo casamento (aproximadamente 40-50 anos). Daniel Pleiss (ambos filhos - 20-25 anos). Além disso, Helga Willms, amiga íntima de Leni, tinha aproximadamente 60 anos. Trude Lehmann também desempenhou um papel fundamental. Karl-Heinz Arens esteve presente durante todo este período (70 anos).
Gabi Meyer (20-25 anos).

Como a nossa peça requer cinco atores femininos e três masculinos, esta combinação deve ser versátil para uso em vários palcos. Karl-Heinz e Gabi ainda permanecem com papéis em aberto – o relacionamento deles com Leni ainda está se desenvolvendo enquanto escrevemos. Ao selecionar os amigos de Leni optei por idades múltiplas porque muitas fases não apresentam três jogadores que já completam 70 anos juntos - além de proporcionar diálogos humorísticos entre personagens que possuem perspectivas distintas devido à disparidade de idade.
Descrição do personagem e da aparência dos personagens

Agora que os protagonistas foram escolhidos, você pode reservar um tempo para descrever cada personagem na página seguinte. Embora alguns autores façam esse passo explicitamente, prefiro que o diálogo me leve diretamente ao desenvolvimento do personagem - caso contrário, meu artigo provavelmente não funcionaria tão bem. Os personagens existem apenas dentro da sua cabeça. O conflito adicionado precocemente cria diferentes tipos de pessoas com traços de caráter distintos; da mesma forma, as descrições das roupas devem descrever quem aparece. As roupas também dependem do personagem. Se fizer mais sentido visualizar seus personagens na página 5, fique à vontade para fazê-lo. Nessa mesma página, abaixo dos seus nomes, escreva o tempo de reprodução, o local e possivelmente a duração da peça - editores e grupos apreciam imensamente este gesto! Isso poderia ser algo assim:

Hora e local desta peça: Verão em Blumberg (pequena vila em algum lugar da Alemanha).
Tempo de jogo: Aprox. 100 minutos sem pausas

O tempo de execução da sua peça depende inteiramente de você; alguns trabalhos também foram desenvolvidos em torno de festas específicas como o Natal, a Páscoa ou o Pentecostes; isso determina sua temporada automaticamente. Claro, se a sua peça abrange várias temporadas, as estações também mudam de acordo. Por exemplo: Se o Ato 1 de sua peça começar em fevereiro; o nascimento da criança ocorre durante o Ato 2, que ocorre em agosto ou setembro; Esta informação é essencial, uma vez que os intervenientes provavelmente usarão roupas diferentes durante o Inverno e Agosto, respectivamente, e pode adicionar mais diálogo baseado no clima ao diálogo. Eu preferiria que nossa peça se passasse exclusivamente no verão; Ainda não sei a duração, mas não mais do que 4-6 semanas devem ser suficientes - ou um verão pode ser suficiente.

Cenário: Minha inspiração para esta peça com sua charmosa mercearia vem de imagens de pequenos vilarejos - tanto urbanos quanto rurais.

O local onde sua peça acontece realmente não importa; tudo o que importa é que o seu público reconheça rapidamente que este pequeno lugar e a cidade mais próxima estão separados por apenas quilómetros. Prefiro criar nomes de locais fictícios; lugares reais raramente aparecem no meu trabalho. Alguns grupos até gostam de ajustar a ação ao local onde a sua atuação realmente ocorre, se necessário; Eu não me importo; nosso local em Blumberg parece uma vila de qualquer maneira!

O tempo de reprodução depende do comprimento das páginas. Por exemplo, escolher a fonte Times New Roman tamanho 12 e DIN A5 como tamanhos de página produziria algo parecido com o exemplo de diálogo na página 61 deste livro - no entanto, recomendo inserir parágrafos entre os diálogos para maior impacto. Com este formato, 90 páginas de texto equivalem a cerca de 90 minutos de reprodução pura; dica: uma peça ideal não deve ultrapassar 120 minutos sem pausas – 90 é o ideal.

Os 100 minutos indicados na descrição não são vinculativos e servem apenas como exemplo.

O que deve ser incluído nas primeiras páginas é um esboço do seu conteúdo, mas isso pode não ser possível ainda porque ainda não sabemos tudo; pelo menos não eu! Mas se você sabe, eu o aplaudo e o encorajo a anotar tudo imediatamente.

Os programas de processamento de texto nos dão o poder de adicionar e excluir texto à vontade e de alterar o layout a qualquer momento, assim como os editores fazem antes de imprimir seu manuscrito. Sugiro configurar as páginas do seu artigo, pelo menos agora; alguns editores usam DIN A4, enquanto outros preferem DIN A5. Em última análise, depende de você qual formato funciona inicialmente para sua peça - você sempre pode mudar de formato mais tarde!
Supondo que você queira uma mudança, monte as páginas com DIN A5, começando na página 5. Nessa página você começa a escrever o primeiro ato; as páginas de rosto 2 a 4 contêm títulos/autores/conteúdo/jogadores e detalhes do design do palco; tudo o que é realmente necessário para configurar as páginas é uma tabulação com os nomes dos personagens na borda esquerda e os diálogos tabulados para que seja mais fácil para os atores aprenderem - assim:

Beatrice: Paula, tenha uma perspectiva diferente: você é solteira e precisa de algum tipo de apoio - aos 55 anos, isso significa viver apenas de uma renda...

Paula: Obrigada por me lembrar da minha vida extraordinária!

Beatrice: Por que se preocupar em tirar férias, quando tudo o que isso fará é proporcionar uma pausa temporária em Merseburg e você não tem talento para escolher presentes de Natal?

Paula: Espera! Os filhos da minha irmã Gertrud esperam todos os anos ansiosamente pelos presentes da tia Paula; são três deles com 12, 15 e 21 anos - sei o que os jovens exigem em termos de presentes (come de novo). (Paula tem que fazer uma pausa)

Beatrice: Os presentes de Natal este ano podem ser menores.

Paula: Sim, exatamente 50% menor. - Você se importa com o que eles estão fazendo conosco aqui?! Por que você está sempre se comportando assim - PIANO?

Beatrice: Porque não faz sentido ficar com raiva de coisas que nós, como cidadãos comuns, não podemos afetar. Por exemplo, a economia da Alemanha enfrenta uma forte concorrência, enquanto outras nações europeias podem produzir chocolate de forma mais económica – é exactamente assim que as coisas funcionam.

Paula: Olá... Posso saber a sua perspectiva para esta reunião de todos os funcionários da empresa...? Paula:

Você concluiu essa etapa? Ótimo. Agora escolha uma fonte facilmente legível; Times New Roman e Arial são opções populares. Se tudo isso estiver causando problemas e você for novo no WORD ou precisar de mais instruções minhas, só posso oferecer orientações básicas; meu livro não forneceria explicações detalhadas sobre como usar um programa de processamento de texto como o Word. Portanto, a melhor opção pode ser contratar alguém experiente para lhe ensinar o básico ou fazer um curso de WORD.

Na página 5, você está escrevendo "AJA PRIMEIRO. Atos de 3 atos são extremamente populares entre grupos de teatro, e eu mesmo prefiro escrever peças nesta forma. O número de atos depende muito de quantas vezes ou se seu trabalho requer tempo- pulando; já que este provavelmente será seu esforço inicial, provavelmente faria mais sentido começar com um filme de 3 atores. Primeiro vêm as descrições de como a primeira cena quando a cortina se abre: os personagens entram ou não há ninguém lá? ainda e só ouvimos barulho? Em "Welcome to Chez Andre", escrito em conjunto com Christoph Bredau, tudo se parece com isto:

Primeiro ato. (Quando a cortina se abre, André e Frank estão sentados ao redor de uma mesa lendo uma edição de um jornal diário, parecendo um pouco abatidos. Há um celular sobre a mesa; é tarde de terça-feira com objetos espalhados como roupas, jornais, garrafas vazias e embalagens de alimentos).
Não exagere, mas imagine duas pessoas vestidas de maneira descuidada (camisetas ou camisas abertas sem botões, jeans com rasgos e tênis surrados, tênis velhos). Eles não parecem muito arrumados. Eles parecem ter sapatos mistos. Eles também não parecem muito arrumados um com o outro - nem muito arrumados, mas também não sujos - quando caminham um em direção ao outro de maneira "mal-educada").

Então você precisa dar detalhes de quem está presente, o que eles estão fazendo e quais acessórios ainda podem ser necessários em uma cena. Ao descrever as roupas dos atores, bem como o humor/comportamento/hora do dia, tudo isso pode ajudar a criar a impressão que o espectador tem de tudo o que vê ao mesmo tempo: todo o cenário mais a primeira cena - informe-o imediatamente, sem precisar do diálogo dos próprios atores!
O que eu pensaria se descrevesse o início de "Welcome to Chez Andre" como fiz antes, em apenas 10 a 20 segundos como espectador?

Posso imaginar dois homens, nenhum deles muito bem vestido, lendo jornais juntos em uma mesa enquanto parecem entediados e sentados lendo os dois enquanto parecem bastante entediados - uma compreensão instantânea para qualquer espectador! Essa cena deve ficar clara para todos, certo?

Assim que o público começa a pensar, sua peça inicia seu primeiro diálogo. Não há necessidade de longos prefácios e introduções; partir diretamente desta situação inicial. Como espectador, já posso perceber que algo está errado entre os dois personagens; suas interações parecem desconfortáveis, deixando o público sabendo algo sobre essa cena ainda sem palavras. - Outro exemplo poderia ser:

No início do Ato 1 (Quinta-feira Santa, aproximadamente às 16h30), não haverá jogadores no palco quando a cortina se abrir; em vez disso, há apenas flores com pétalas murchas pousadas murchas em bancos de flores e parapeitos de janelas, junto com aparelhos de televisão cobertos por lençóis ou panos e possivelmente outros objetos cobertos com coberturas de tecido.)

Aqui, a situação inicial é mais inusitada. Nenhum jogador no palco. Flores murchas e móveis cobertos estão presentes; o que o espectador deve pensar de tudo isso? Há pessoas escondidas aqui? Certamente parece assim...

Faz algum tempo que ninguém vai lá - não sabemos se o apartamento está vazio ou se seus moradores estão viajando - mas o público aprenderá rapidamente na primeira cena e no diálogo que se segue. Um fato não revelado no texto: é Quinta-feira Santa; no entanto, logo isso se torna conhecido através do diálogo que se segue. - Terceiro exemplo:

Harald está sentado à sua mesa, digitando no teclado do computador; Lena aspira a poeira na frente dele; Harald parece irritado com o barulho, enquanto Lena parece angustiada com tudo isso e constantemente enxuga as lágrimas - tudo isso em uma manhã comum de sábado!

Ao subir a cortina encontramos dois atores animados no palco; um homem e uma mulher. Embora ainda não se saiba se esses dois ainda são casados ou parceiros de vida; no entanto, vemos evidências de conflito sem que haja troca de palavras - com ele irritado com o som do seu aspirador de pó; ela parecendo muito angustiada com tudo isso. Nenhum adereço adicional (exceto talvez o mesmo aspirador de pó) parece necessário aqui - na verdade, o design do palco permanece inalterado, conforme descrito anteriormente.

Depois de descrever o início do jogo, comece o diálogo imediatamente na primeira cena do Ato 1. Alguns autores que tentam seu primeiro romance cometem o erro de escrever diálogos longos como introdução de abertura; isso pode ser tedioso e estranho. Em vez disso, vá direto para a ação imediatamente na Cena 1, sem preâmbulos desnecessários, pois os relacionamentos e os conflitos devem aparecer naturalmente durante o jogo.

Como membro do público, frequentemente vejo diretores saindo em frente à cortina e nos dando as boas-vindas antes de explicar e descrever a peça - às vezes até os mínimos detalhes e incluindo uma eventual piada. Nesses momentos eu poderia subir no palco e matar essa pessoa imediatamente; alguém deve primeiro explicar tudo para mim!

Por mais que eu queira assistir agora, o conteúdo deve ser tão mal escrito ou esta pessoa tão incompetente a ponto de exigir esse requisito.

Ele faz isso porque presume que seu público não tem inteligência suficiente para apreciar a comédia. Uma terceira possibilidade poderia ser que tenha sido cortado tanto texto que seja necessária uma explicação; como espectador, porém, devo compreender todos os elementos sem precisar de anúncios e explicações de um oficial.

Então, como seria a cena de abertura da sua peça? Agora que entendemos seu conceito central, você tem várias opções disponíveis para iniciar a ação da história. Considere estas possibilidades: 1. Não há jogadores no palco, mas ouvimos Leni se despedindo de um cliente antes de entrar na sala logo em seguida. 2. Leni e seus filhos sentam-se ao redor de uma mesa. 3. Leni apresenta Daniel, seu neto, na sala. 4. Leni está em sua loja quando o filho e a nora entram, discutindo o futuro dela junto com o da loja de Leni e o dela.

Portanto, existem várias maneiras de iniciar a ação, mas, em última análise, a escolha é sua. O conflito é a base de todas as peças de comédia, portanto, ao definir uma, ele deve surgir em cinco minutos ou desenvolver-se rapidamente no primeiro ato - criando uma peça emocionante e divertida! No nosso caso, isso significou fornecer atualizações rápidas sobre o que os filhos de Leni estavam fazendo com rapidez suficiente.

De vez em quando recebo manuscritos de jovens escritores em busca de minha opinião honesta antes de oferecê-los aos editores. Embora peças dramaturgicamente corretas sejam questões subjetivas de gosto, ainda posso fornecer aos escritores iniciantes conselhos honestos sobre quaisquer erros graves em seus manuscritos ou a falta deles. Ao ler uma obra, dois ou três atores têm uma conversa agradável em que todas as partes envolvidas simplesmente acenam com a cabeça ou concordam sem discordar e o espectador começa a se perguntar o que está acontecendo, definitivamente não é uma boa escrita; algo precisa acontecer ou pelo menos deve deixá-los pensando assim!

No palco, nada de interessante deveria acontecer sem conflito! Lembre-se desta frase: "Nenhum conflito é apropriado!!!!" Portanto, eis como nossa peça poderia começar em sua primeira cena:

Rudolf e Ina ficam em silêncio na sala quando a cortina se abre; ambos parecem inseguros e incertos. Leni pode ser ouvida se despedindo de um de seus clientes por trás).

Se escolhermos esse caminho, o público ficará imediatamente imerso na primeira cena do drama. Embora você já possa antecipar que Rudolf e Ina querem conhecer Leni, vamos mudar as coisas: E quanto a isso:

(Quando a cortina se abre, não há nenhum jogador presente no palco. Leni então avança por trás com uma caixa de dinheiro, senta-se à mesa e começa a contar o dinheiro; logo depois Daniel entra pela direita.)

Agora aprendemos sobre Leni e sua loja, conhecemos Daniel e podemos permitir que o conflito surja mais tarde - a rapidez com que o público encontra esse conflito depende de você; o que importa é que isso ocorra.

Uma peça normalmente compreende vários atos. No primeiro ato, criamos conflitos ao fornecer informações ao público sobre os personagens; durante o segundo ato, desenvolvemos ainda mais os elementos da trama e alcançamos o clímax; finalmente, no terceiro ato, esclarecemos o conflito e encerramos tudo - cumprindo a maioria dos personagens e, ao mesmo tempo, deixando uma experiência de visualização agradável para os espectadores.

Cada peça da nossa peça apresenta não apenas um enredo principal, mas também pode conter subtramas. Leni e sua loja servem como nosso enredo principal; subtramas adicionais poderiam envolver Rudolf sendo atraído por Daniel ou vice-versa ou possivelmente Leni tendo problemas conjugais.

Antes de escrever seu primeiro ato, quero apontar um erro que vejo frequentemente entre os manuscritos enviados por jovens escritores: eles muitas vezes cometem o erro de romper casais românticos muito cedo ou simplesmente não dar desenvolvimento suficiente ao personagem em geral. Sob nenhuma circunstância isso deve ocorrer:

Os atos normalmente duram de 25 a 35 minutos (se a sua peça de três ou quatro atos for longa o suficiente) sem qualquer mudança de horário; portanto, se a cena da mesa do café da manhã começa às 8h e termina às 8h30, então o ato foi concluído às 8h30. O segundo ato começa por volta das 15h da tarde e deve terminar por volta das 15h30. Isso deve tornar o tempo real durante o jogo; no entanto, se as mudanças de tempo ocorrerem inevitavelmente (por exemplo, devido à entrada/saída dos atores em momentos diferentes), devem ser encontradas soluções inteligentes (por exemplo, introdução de vários atos e cenas diferentes simultaneamente). Mude da noite para a manhã usando música e efeitos de luz para que o espectador fique ciente dessas mudanças de horário. De preferência, isto deve ocorrer durante um intervalo apropriado, sem nenhum ator presente no palco; mas em geral seria mais sensato não fazer isso. Entre os atos, o tempo pode ser jogado como você achar melhor - isso pode incluir minutos, horas, dias, semanas, meses e anos! Só não mude o tempo em um único ato! Li manuscritos e vi peças onde o primeiro ato começa no café da manhã e termina 25 minutos depois, quando o personagem principal vai para uma discoteca que abriu suas portas às 8h! E, no entanto, o diálogo geralmente indica que já era tarde da noite - como devo compreender esse cenário como espectador? Não cometa esse tipo de erro!

Ao escrever, mantenha cada personagem em primeiro plano em sua mente enquanto escreve. Onde ela está agora - quais são suas intenções? Isso impedirá que Leni entre no quarto e volte mais tarde como uma estranha; ela deve ter entrado por algum outro meio se fosse esse o caso e não havia rima ou razão dada na peça para tal ação; caso contrário, o espectador poderá ficar confuso e desnorteado. - Essa mesma técnica também funciona ao escrever ficção em flash.

A duração da ausência refere-se a quanto tempo duram as ausências dos atores; por exemplo, quando os personagens fazem grandes compras, eles devem reservar tempo suficiente e permitir que o público acompanhe o melhor que puder. Fique atento a quaisquer detalhes minuciosos que possam passar despercebidos; os espectadores têm olhos muito aguçados que percebem tudo e tudo pode ser percebido por eles com muita facilidade; então, quando um ator sai da sala para fazer compras, ele não pode voltar em dois minutos com as sacolas cheias. Pense em quanto tempo VOCÊ precisa para fazer compras; dê a esse ator tempo suficiente na tela em sua peça ou deixe-o aparecer novamente, se necessário.

Ao escrever o primeiro ato, esteja ciente de que cada linha falada por seus personagens deve transmitir um significado. Pergunte a si mesmo por que um ator diz algo. Não sabe exatamente o que esse ator quer dizer com isso? Olhar:
Anne: (após alguma deliberação) O que você acha do nosso novo serviço de chá?
Florian: Mãe e pai compraram para comemorar o 20º aniversário de casamento da irmã da mãe; pelo menos seis xícaras foram compradas diretamente pela própria mãe na Purple Flowers Tea Party Shoppe (Burwood Road). Ana:
Florian: Algo bonito na parede durará a vida toda, Anne respondeu com desdém. Que tipo de motivo foi pretendido? Uma mulher nua para o quarto, talvez? Florian pode gostar de algo parecido (sorrindo)
Anne: Sim, claro - vamos esquecer isso rapidamente - o presente ideal deve ser algo inesperado que não agrade simplesmente ao Pai. Florian: Por que os presentes para as bodas de prata dos pais devem ser distintos e excêntricos? Anne: Bem, porque somos as crianças - certamente isto não deveria ser muito difícil?
Florian: O que você acha... - Mamãe vem reclamando há semanas que suas panelas ficam queimando. Anne: Esse é um presente de casamento inaceitável para crianças! Eles não dão eletrodomésticos e panelas.
Floriano: Claro. Melhor algo prático do que algo que eles não usarão do que algo sem sentido, como algum tipo de bugiganga ou brinquedo inútil que eles nunca mais usarão. Anne: Não, obrigada - isso nunca serviria! Se meu marido me desse algo prático como uma panela elétrica ou uma torradeira no dia do nosso casamento, eu também não me casaria com isso!

Como pode ser visto claramente, um casal de irmãos está discutindo um presente apropriado para seus pais em suas bodas de prata, mas nenhum deles concorda com uma solução ideal - um filho prefere considerações práticas enquanto o outro deseja o romance e quer que seja feito da maneira certa. Através do diálogo, aprendemos muito sobre os dois personagens - cada frase sendo significativa por si só, dando uma ideia de quem disse o quê e quando!

Reduzir detalhes desnecessários só porque sua cena deveria ser mais longa é fundamental; mantenha-se no caminho certo mantendo o foco; com o tempo você conseguirá controlar isso, mas primeiro continue perguntando "Por que o personagem X diz ou reage dessa maneira?" e "Por que o personagem Y respondeu assim?" como instruções.

Seguindo minha sugestão anterior, deixe-me sugerir como nossa comédia poderia começar em sua cena inicial:

1. Leni: (entrando pelos fundos da loja com seu caixa e livro, ela caminha diretamente em direção a uma mesa e se senta. Uma vez lá, ela começa a contar dinheiro e a escrever números em seu livro antes de ficar sobrecarregada e desistir completamente de contar). Suas roupas parecem normais e cotidianas).

2. Cena 2 Daniel (ele entra pela direita, com roupa esportiva de verão e bate pouco antes. Leni fica feliz ao ver o neto) Daniel! Meu garoto! Daniel: (se aproxima e dá um beijo na bochecha da Leni), depois pergunta como foi o negócio hoje antes de elogiar as vendas, todos ficaram satisfeitos?

Leni: Quanto às minhas necessidades, elas são sempre atendidas e não me chamam mais de tia Emma.

Daniel: Vovó Leni, me dá outro maço de cigarros, por favor? É Leni: Fumar com muita frequência...

Daniel: (interrompe) Fumar faz mal à saúde, envelhece a pele, pode diminuir a impotência e cheira mal...- Vovó, parar de fumar não é tão fácil assim... Leni: Seu avô sentia exatamente o mesmo naquela época; ele também não conseguia parar de fumar e isso tinha apenas 73 anos!

Daniel: Vovó, preciso que você ajude. Seu avô sofreu um acidente. mes Leni: (um pouco triste) Sim. Não vamos falar sobre isso; apenas sirva-se. Daniel (acaricia brevemente o ombro dela, antes de sair para ajudar seu parceiro de loja nos fundos) Leni (olha para ele brevemente antes de continuar seu trabalho de contabilidade)

Terceira Cena

Ina e Rudolf entram vestindo roupas de verão. Rudolf cumprimenta Ina brevemente enquanto Ina faz uma entrada direta e assertiva: Boa noite sogra! Rudolf responde rapidamente: Mãe.

Leni: (um pouco assustada) Caramba, você? Eu ainda estava fazendo a cobrança diária quando você chegou aqui! O que posso lhe oferecer, um chá?

Ina: [com propósito e firmeza] Sogra, por favor, sente-se novamente porque há algo acontecendo entre nós que precisamos discutir. Leni sentou-se, hesitante, sem saber o que estava acontecendo ou por que Ina estava tão séria. Ina continuou falando o que pensava com determinação: Você parece muito séria hoje, Ina! O tom de Ina ficou claro quando ela entrou levantando-se lentamente depois de finalmente se sentar novamente: Sim? Então, o que está acontecendo hoje, Ina? Mas você parece tão sério! Então, o que deixa Ina tão séria? E então o que acontece com sua expressão séria? Ela parece bastante séria para Leni enquanto ela se senta lentamente novamente, insegura, incerta, senta-se lentamente novamente: Sim? Então, do que estamos falando hoje, Ina? Ina obviamente parece tão intensa. Leni, hesitante, senta-se lentamente: Sim? Então, o que está acontecendo aqui hoje, Ina? Leni volta a sentar-se lentamente: Sim? Então, o que está acontecendo aqui hoje, Ina?

Leni lentamente se senta novamente: Ah? Então, o que está acontecendo hoje com a sua expressão? Em um

Rudolf: Mãe, queríamos conversar com você há semanas, mas continuamos adiando. Ina: Mas agora é tarde demais; não podemos esperar mais. Leni: Isso parece dramático. Fiz algo errado? 4ª Cena.

Daniel: (voltando do fundo da loja durante a última frase de Ina; segurando um maço de cigarros e olhando em volta) Ah - reunião de família?

Ina: O que você está fazendo aqui? Acho que você deve estar treinando futebol.

Daniel: Cancelado (prenuncia o mal). Seu olhar me diz que algo está errado aqui... Parece que você não está aqui para tomar café, Rudolf. Daniel: Isso não está certo; de jeito nenhum, não assim! Leni: Com quem eles estão falando agora?

Rudolf: Há quanto tempo levaremos isso conosco? Daniel: Pai. Leni: Uau. Então é isso; você está me dizendo que devo fechar minha loja e me mudar para uma comunidade de aposentados assistidos! - Bem, agora a verdade foi revelada.

Assim que a peça começa desta forma, o conflito é inevitável em poucos minutos. Você já forneceu muitas informações sobre a personagem de Leni - viúva; relacionamento com o neto é bom; querer interromper a contabilidade para oferecer algo aos filhos; Daniel sabe o que seus pais planejam - mas parece desaprovar; genro e nora parecem duros com Leni; ambos não gostam da presença dela - tudo em três páginas de texto!

No entanto, também poderíamos esperar até que Ina e Rudolf aparecessem primeiro. Talvez você prefira que Daniel conte à avó o que seus pais estavam planejando, ou pode até ser que a namorada de Leni tenha visto Ina e Rudolf planejando para Leni e então foi a primeira pessoa a entrar em cena - tudo é possível aqui - pegue o que você gosta ou encontra seu próprio ponto de partida; sua peça pertence a você!

Vamos prosseguir com minha sugestão: o que a peça poderia implicar a seguir? Agora é sua oportunidade! Como Leni responde e o que ela faz a seguir? Daniel poderia oferecer sua ajuda a Leni neste momento; por quanto tempo essa conversa continua; quem sai e quem entra na próxima cena?

O que será de Leni e sua loja? Este deve ser o tema que unifica toda a sua comédia - até a sua conclusão. Deixe sua imaginação correr solta enquanto você escreve todos os cenários possíveis - aqui estão algumas dicas úteis:

Evite escrever diálogos com duração superior a 10 minutos que consistam apenas em um diálogo interminável sem pontos altos ou baixos, pois isso rapidamente se torna entediante para o espectador. Algo deveria estar sempre acontecendo; criar tensão. Preencha um ato da sua comédia com pelo menos 8 cenas; mais às vezes pode funcionar melhor. Não tente fazer as pessoas na plateia rirem com expressões grosseiras no diálogo - a comédia deve vir apenas do diálogo, do texto e da comédia situacional, não usando palavrões para encorajar os espectadores a "bater na coxa".

Questionar o que constitui o verdadeiro humor pode fazer com que você se pergunte: o que exatamente estou assistindo, o público rindo? A primeira regra da comédia é esta: o público sabe mais do que qualquer ator no palco sobre o que está acontecendo!! O trabalho dramaturgicamente correto deve começar com uma compreensão simultânea da tensão e da comédia. Você sabe o que eu quero dizer?

Imagine que quando alguém está escondido em uma sala mas as outras pessoas presentes não percebem; enquanto um membro da audiência sabe. Tudo isso cria tensão e comédia simultaneamente.

"Aqueles que cavam um buraco para os outros cairão nele eles próprios" Qualquer pessoa familiarizada com esta expressão sabe bem - colocar armadilhas para os outros, a fim de puxá-los para dentro de uma, pode levá-los eles próprios para dentro dela - quer isso tome a forma de veneno bebidas, alimentos alterados, ratoeiras ou cartas ou conversas telefónicas, etc...

À primeira vista, isso parece hilário tanto para o espectador quanto para o personagem. De qualquer forma, esse tipo de cenário costuma funcionar bem em comédias: o espectador ri quando um personagem completamente diferente ou mesmo aquele que está armando a armadilha cai nessa, criando uma grande ironia cômica. Identidades erradas também tendem a ser aceitas - tanto objetos quanto pessoas podem facilmente ficar confusos!

Tenha casa, hora marcada e diversas outras necessidades.

Mal-entendidos nas conversas também podem ser hilários: quando o Personagem A menciona seu navio Antje, o Personagem B pode presumir que ele se refere à sua esposa com o mesmo nome - comédias deliciosamente engraçadas de fator reverso são sempre bem-vindas! Tendência - desde 2008:

Como isso está acontecendo? Um homem age como uma mulher ou vice-versa por razões desconhecidas. Que fatores poderiam explicar tais comportamentos?

Por exemplo: Modo de agir como prostitutas? Homens fazendo strip-tease. E as mulheres podem até virar pedreiras!

Ou uma mulher como Chanceler (infelizmente já existe). Estas são apenas algumas sugestões, muitas das quais já incluí nas minhas peças; há ainda mais! Fazer essas coisas de maneira inteligente e correta só levará a resultados indutores de riso em peças de comédia.

Crie algo inexistente na vida real.

No palco, isso pode ser muito engraçado:

Um representante oferece produtos que antes não estavam disponíveis – preparações permanentes que duram meses; produtos de crescimento capilar com efeitos de crescimento extremamente rápido; pensos diários para homens; chocolates que aumentam a inteligência rapidamente, etc. - que anteriormente não estavam disponíveis para compra - no entanto, infelizmente, estes têm muitos efeitos colaterais e podem rapidamente se tornar desastrosos! Minha performance intitulada "We Don't Have It - It Doesn't Exist" focou especificamente neste tema.

Ou vejamos a inovação médica. Um químico amador cria um soro para eliminar completamente o odor do suor, tornando esta maravilhosa invenção obsoleta e o cheiro desnecessário do suor nunca mais - mas precisa de voluntários para testar isso e seus hormônios altamente concentrados irão alterar as pessoas. ("O Professor Maluco"). Todos esses tópicos podem parecer ridículos, mas têm uma enorme influência na sociedade em geral.

Personagens engraçados em comédias são sempre muito eficazes. Por "personagem engraçado", quero dizer isso.

Essas figuras geralmente se destacam de seus colegas personagens de várias maneiras, sejam falhas ou não. Os exemplos podem incluir erros de idioma (não falar alemão ou um dialeto); indivíduos desajeitados ou menos instruídos; atores negros; aqueles vestidos de forma diferente e outras coisas. Esses personagens acrescentam personalidade e muitas vezes se tornam favoritos do público rapidamente. Além disso, esses "personagens engraçados" não precisam desempenhar papéis importantes para adicionar humor; mesmo os menores em subtramas podem ser igualmente divertidos!

*Pessoalmente, não sou a favor da inclusão de personagens com problemas de fala na peça. Todos os seus personagens devem ser únicos; caso contrário, de onde surgirão o drama e o conflito?

A linguagem e a expressão são uma questão extremamente sensível. Assista a qualquer filme dos anos 70 com Theo Lingen ou Roy Black; não foi divertido? Mas, falando sério - você está tão entusiasmado com seus enredos e diálogos quanto quando eles foram lançados pela primeira vez (se você tiver menos de 30 anos, você não os conhecerá de qualquer maneira; alugue-os em sua locadora e julgue). Raramente acho esses filmes engraçados agora, já que o que é mostrado muitas vezes não é muito "engraçado". O tempo certamente alterou tudo.

Hoje em dia, quando assistimos a um programa noturno na televisão, tendemos a ver mais pele exposta em comparação com os filmes da década de 1970. Não apenas isso; os filmes contemporâneos certamente precisam refletir essa mudança, já que grande parte dela acontece verbalmente - pense em "Sex and the city", que apresenta pelo menos 50 palavras sexuais que não fazem parte do meu vocabulário cotidiano nem do seu!

O que distingue o entretenimento das séries de televisão ou dos filmes, como os filmes de TV e as peças de teatro, em termos de uso da linguagem e de liberdade visual?

Ninguém pode lhe dar uma resposta exata aqui; o teatro no palco está sempre ao vivo! Sua próxima pergunta pode ser o que pode e o que não pode ser mostrado ou dito no palco; Refiro-me aqui especificamente ao que foi escrito como roteiro e deve então ser reproduzido pelos atores no palco.

Bem, o teatro é um campo extenso. Os atores aparecem completamente de peito nu em algumas peças – expressando tudo o que podem. Especializei-me principalmente em produções teatrais populares dirigidas por grupos amadores.

Nenhum ator amador que conheço apareceria em uma peça folclórica amadora vestido apenas com roupa íntima preta; e, como membro da audiência, isso também não seria algo que me agradasse. Além disso, parece estranho.

Amor e sexo são temas perenes no teatro popular, por isso gosto de ter em mente imagens do que pode estar acontecendo ao lado. Por exemplo, um palco vazio ao lado do qual há uma porta aberta com vozes masculinas de ambos os sexos; algum tempo depois, quando alguém sobe no palco vestindo cuecas um pouco suadas, mas satisfeitas, todos podem criar suas próprias versões do que aconteceu ali, em vez de ver algo real acontecer e mostrado ao vivo no palco. Acho isso muito mais envolvente. Conforme discuti o assunto durante o debate, meu pensamento sobre isso foi semelhante. Embora os atores amadores de hoje possam usar palavras como "golpe", "vagabundo" e "foda-se", não há nada de intrinsecamente errado em escrever sua peça dessa maneira, se parecer necessário; entretanto, a maioria dos atores usaria terminologia diferente ao atuar para um público.

Eu não uso essas palavras em minhas peças! Este tema já gerou conversas acaloradas, com pessoas questionando minha pronúncia excessivamente formal nos diálogos de minhas peças. Mas aqui está minha explicação:

"Boltando etc." não faz parte da minha linguagem cotidiana. Como espectador de um teatro assistindo a uma apresentação de comédia, quero estar completamente envolvido com o que está acontecendo; conviver com os atores; Também crio imagens em minha mente de coisas que acontecem fora do palco, conforme me são contadas por eles - quando alguém quer fazer compras ou tomar banho; por exemplo; isso acontece instantaneamente em minha mente!

À primeira vista pode parecer surpreendente, mas o diálogo falado tem o mesmo efeito em mim; quando um ator me conta que matou um gato ou alguém denuncia que roubou um banco, imagino essas imagens. Ler romances cria efeitos semelhantes à medida que sua mente visualiza personagens, lugares, objetos e eventos de um romance em sua imaginação.

Se uma das atrizes no palco dissesse: "Ah, eu gostaria de fazer isso desinibidamente com meu chefe na mesa da cozinha", eu imediatamente teria uma imagem em mente e riria alto de suas palavras. Porém, o que aconteceria se em vez disso eles dissessem: "Oh, eu quero foder meu chefe"?

Como espectador, eu ficaria chocado. Momentos de choque podem ter um impacto poderoso em muitas peças; no entanto, eles nunca aparecerão em meus trabalhos, pois os espectadores preferem se divertir e criar suas próprias imagens em suas cabeças a ficarem chocados com alguém no palco por meio de diálogos.

Esse é o meu ponto de vista sobre isso; no entanto, se o seu for diferente, não existem leis para impedi-lo.

Questão de limite de jogo? Escrevi comédias com mulheres que se sentem profundamente atraídas por homens e que contêm um conteúdo muito picante; seus atores podem tirar a roupa como parte de seu papel; até eu posso ficar só de cueca quando necessário! Mas talvez as cenas seguintes pudessem acontecer em outra sala próxima?

Se você for além e usar uma linguagem extremamente grosseira, seu público se sentirá como se estivesse testemunhando uma apresentação de teatro difamatória na vida real.

Sua comédia deve atender a um determinado padrão e nível. Encontre um nível apropriado de erotismo e deixe-o desenrolar-se naturalmente – não bombardeie o seu público com abuso verbal; essa tática é desnecessária e desnecessária.

Na conclusão de cada ato, torne-o tão emocionante que o público mal possa esperar para ver como sua comédia se desenrolará a seguir. Ao final de cada ato, garanta que a trama atinja novos clímax.

Ao escrever, sempre considere o seu leitor ao considerar as informações necessárias aos personagens no palco. E não negligencie as instruções do jogo no diálogo – que devem aparecer entre parênteses; essas instruções serão inestimáveis para os atores!
Gerda:
Correto! Onde Manni esteve? Ele já deveria ter terminado a ordenha - são quase 20h (vai até a porta dos fundos e chama o nome dele:) Manni!!! (volta, espalha pão e manteiga no prato, cobre com queijo, etc.)

Arno: (lê a revista com interesse) E isso significa que não precisaremos mais fazer a limpeza sozinhos?

Henrique: Ah, não! Tudo parece ter desaparecido no canal.

Arno: Basta dar uma olhada em quanto espaço as vacas ocupam.

Henrique: Sim! Eles se sentirão confortáveis lá e, como resultado, produzirão um leite melhor. Gerda: Por que mais espaço levaria à produção de leite de melhor qualidade?

Heinrich: Gerda, com que frequência você se queixou de desconforto ao usar sua cinta antiga?

Gerda: Olá linda!!!

Arno: (rindo) Para facilitar a compreensão, escrevi minhas instruções de atuação aqui em itálico para facilitar o aprendizado do ator no palco com você - o autor. Eles devem aprender não apenas quais serão suas falas, mas também requisitos gestuais, como quando sair ou entrar, etc. Não omita completamente as instruções de jogo, mas tenha cuidado para não exagerar na execução!

Voltando à minha ideia original: a comédia com Leni, sua loja e os filhos que querem deportá-los para uma casa de repouso. Se esta ideia lhe agrada e gostaria que você escrevesse sobre ela, deixe sua imaginação correr solta sobre o que pode acontecer!
Fique à vontade para me enviar suas primeiras tentativas de redação; Vou analisar e responder honestamente. No meu site www.Theater-Schmidt.de você encontrará meus dados de contato em Aviso Legal.

Depois de assistir a inúmeras peças clássicas (principalmente aquelas de escritoras), os espectadores já sabem, desde o primeiro conflito entre uma jovem e um homem, que "no final eles vão se entender!" Por que os autores fazem isso? Porque o público gosta de ver um final "felizes para sempre" ou porque o autor deseja criar um? Eu mesmo fiz isso em muitas peças porque sei pelas peças anteriores o que vem a seguir - embora não em todas as minhas peças recentes!

Minha escrita me distanciou um pouco disso; nem tudo deve acabar bem - o que pode até ser irrealista - então não pense inicialmente que dois jovens personagens que inicialmente não gostam um do outro, mas que se juntam no final de uma peça, podem acabar juntos caindo nos braços um do outro no seu momento. conclusão. Embora isso possa acontecer, basta escrever sua história; "paz, alegria e panquecas" nem sempre existem na vida real!

Para não entender mal; idealmente, os espectadores gostariam de sair com a maioria das inconsistências da peça resolvidas ou pelo menos ter uma ideia do que pode acontecer após sua conclusão, enquanto quaisquer conflitos devem ser esclarecidos; mesmo que isso signifique chegar a um acordo com todos os envolvidos; mas encontre uma resolução satisfatória que deixe o público satisfeito. Você se lembra da minha comédia "Praxis Dr. Freeseman?"

Harald Freesemann passou anos escrevendo livros que, por falta de interesse dos editores, permanecem inéditos. Assim, sua esposa Lena precisa sobreviver como faxineira até que um dia um novo inquilino se muda para o andar de cima deles e também exige seus serviços como faxineira. Gisela relata que Gisela encontrou um indivíduo que ela chama de "encanador cerebral". Coincidentemente, seu sobrenome é Freesemann - algo que Lena e Harald consideram perturbador, já que agora antecipam interrupções por parte de seus pacientes. Horst Freesemann normalmente insistiria para que eles passassem pelo primeiro andar se quisessem tratamento dele, mas Harald já havia entrado por uma das portas e atualmente está dentro do quarto de Harald. Harald reconhece a sua oportunidade e começa a tratar este homem que deseja desesperadamente tratamento e coloca ansiosamente algumas centenas de euros na mesa por isso. Mas então um psiquiatra de verdade aparece de repente, querendo que Harald tratasse os dois porque ambos sofrem de psicose endógena...

Esta peça pode terminar no caos, mas o espectador não sairá insatisfeito: seu protagonista teve suas preocupações financeiras resolvidas escrevendo um manuscrito sobre o que aconteceu no palco ao lado dele.

Harald foi inspirado a escrever esta peça por sua esposa e a está publicando. Um vizinho descobriu que Harald estava tratando de pacientes apesar de não ser médico licenciado; sua indignação foi silenciada por uma viagem. Infelizmente, nenhum dos personagens com doenças mentais desta peça foi curado - pelo contrário; todos os "normais" eventualmente enlouquecem também!

Dramaturgicamente falando, tudo funciona bem: o conflito principal foi resolvido enquanto novos podem surgir; portanto, a peça pode terminar com uma nota otimista, deixando o espectador e os personagens satisfeitos, mas preocupados com o que pode vir a seguir.

Todos nós reconhecemos essa experiência no cinema ou na TV. Quantas vezes assistimos a um filme emocionante apenas para que ele termine abruptamente...?

Produtores e roteiristas frequentemente utilizam essa abordagem ao contar uma história; eles delineiam sua história, tentam resolver seu problema principal e ao mesmo tempo concluí-lo apenas indiretamente. Embora estratégias semelhantes não se apliquem a cenários de performance teatral, produtores e roteiristas usam estratégias semelhantes ao contar sua história.

Mas se você preferir dar um final feliz à sua peça, isso é perfeitamente aceitável - eu só queria alertá-lo para o fato de que não existem regras rígidas e rápidas!

Editores e grupos exigem que você apresente o conteúdo do seu artigo nas primeiras páginas do manuscrito, seja antes do início da escrita, no meio ou depois de terminar um ato. Os editores normalmente não alteram esse elemento da apresentação de uma peça - grupos de teatro freqüentemente usam essa descrição de suas peças para anúncios em folhetos, livretos de programas e na imprensa. Por favor, torne o seu conteúdo envolvente, mas não mais do que uma página DIN A5! Você gostaria de alguns exemplos de como pode ser? - aqui está uma ajuda:

Alida Neumann não encontra mais sentido em seu casamento com Ingo e quer acabar com ele tomando remédios para dormir. Devido às ações erradas de Ingo e à compra de uma casa demasiado grande, os seus problemas financeiros ficaram fora de controlo e agora devem juntos mais de 300.000 euros. Alida suspeita que Ingo esteja tendo um caso, pois recentemente recebeu muitas cartas e ligações de mulheres. Para se proteger financeiramente de potenciais ações judiciais decorrentes destas relações, Ingo solicitou a Alida que obtivesse quatro apólices de seguro de vida no valor de 150.000 euros cada, das suas seguradoras de vida. Alida acredita que deveria ser assassinada por Ingo e, portanto, recorre ao suicídio quando seu plano fracassa; mas Ingo surge com algo muito diferente - anunciar em vários jornais modelos fotográficos que poderiam visitar sua casa e convidá-los pessoalmente. Alida e Ingo esperam ir para o exterior depois de criar uma imagem de Alida o mais próxima possível - pelo menos em termos de altura e peso. Ingo planeja drogar Alida antes de levá-la por uma colina íngreme com ela no carro de sua esposa, para reivindicar o seguro de vida em caso de acidente; mais tarde, eles planejam coletar o dinheiro do seguro por meio de acidentes falsos. - Ingo encontrou em Gabi Koch sua vítima perfeita. No entanto, Ingo rapidamente se apaixona por Gabi e muda seu plano, querendo colocar Alida em seu carro. Pouco antes de seu planejado assassinato, Gabi descobre através de Alida que Ingo pretendia que ela fosse assassinada e fica chocada com a notícia. Logo depois disso, Alida e Gabi se divertem tanto quanto descobrem o amor uma pela outra antes de traçarem um plano para eliminar Ingo com cola envenenada que acidentalmente é bêbada por Sven (amigo de Ingo) em vez de matar a própria Ingo... Com Else Krautwurst se apresentando. ... O corpo deve encontrar rapidamente um lugar para se enterrar.

Ao ler uma peça, não revele seu final até que a última frase tenha sido lida em voz alta; isso criará interesse entre os diretores do jogo, aumentando a probabilidade de a peça ser impressa sem que os leitores tenham visto seu fim antes de imprimi-la. Considere também esta sugestão:

Anna Thalmann é mãe de uma filha de 18 anos e mora com um marido que trabalha fora durante a semana e ganha "bons salários", além de dois "melhores amigos" com quem passa um ou dois dias por semana.

Ela compartilha horas de fofoca e também confia seus assuntos mais íntimos a um pássaro que é responsável por manter o controle sobre os dois. Seu apartamento alugado é grande e bem mobiliado, embora ela nunca tenha sofrido uma doença grave; todos os indícios apontam para ser uma mulher excepcional. Suas lutas diárias fizeram com que ela se sentisse inútil e abandonada pela família no seu papel de mãe e esposa carinhosa. Erwin tem uma atitude pouco saudável em relação à esposa; quando está em casa nos fins de semana, ele prefere assistir a jogos de futebol ou ir ao jogo de skate em vez de passar tempo com ela. Anna começou a internalizar sua frustração ao se entregar à alimentação excessiva - algo que resultou em um excesso de peso de 20 quilos. Mas agora, Anna quer mudar alguma coisa! Ela encomenda equipamentos de ginástica em uma loja de TV, participa de sessões de ginástica em grupo e recebe conselhos de Sonja sobre maquiagem - tudo isso enquanto espera reacender a chama de seu casamento com facilidade e rapidez. No entanto, o seu plano continua complexo e complicado. Um dia, quando a máquina de lavar de Anna quebra, Mustafa Yldiz chega para consertá-la – e fica imediatamente fascinado por Anna. Ele a convida para uma noite "turca" inesquecível! Anna sucumbirá aos seus encantos ou assumirá ela mesma o controle de sua vida?

Também aqui descobrimos conteúdo e conflito sem estarmos a par da sua resolução. Da mesma forma, suas peças devem seguir o exemplo.

Como toda peça exige um título, nomeá-lo às vezes pode ser um desafio. Um título ideal deve revelar algo sobre o programa e, ao mesmo tempo, cativar o público ao ler pôsteres e livretos do programa. Os títulos podem ser compostos por apenas uma palavra, ser uma pergunta ou conter frases inteiras; Eu geralmente desaconselho títulos longos e prefiro versões mais vagas como as seguintes como exemplos:

Rita e Ulfert Brauer, indivíduos extremamente ricos, mudaram-se recentemente da cidade para o campo com seu filho Heiner. Seus vizinhos.

O casal Diekmann Heiko (trabalhador) e Gesine (dona de casa) vive uma existência "simples" apesar de viver em condições precárias; embora eles devam fazer sacrifícios aqui e ali para sobreviver; ainda assim permanecer saudável e contente com a vida. Rita (esteticista) e Ulfert (editor-chefe) fazem com que sua presença seja sentida diariamente pelos vizinhos como prova de que são superiores. Uma discussão começa entre as famílias quando Marion Diekmann volta do Alabama para casa. Como au pair na Alemanha durante um ano, ela chocou a todos quando voltou - inicialmente para desgosto de todos - ao apresentar Jonny, um estudante de medicina africano! Isso foi demais para o casal Brauer. Ambas as famílias estão agora a tentar dificultar a vida uma da outra através de intrigas e ataques desagradáveis, levando a acordos judiciais; eventualmente, uma cerca alta foi instalada entre suas propriedades para separá-los ainda mais. Quando Gesine ataca Ulfert novamente, Ulfert sofre um ataque cardíaco, mas só Jonny pode salvar sua vida...

Em termos de conteúdo, o enredo da história é bastante claro. No seu cerne estão duas famílias muito diferentes e vemos suas diferenças tanto em termos de caráter quanto de finanças. Foi exatamente isso que tentei retratar no meu título – então aqui você encontrará tudo.

Para os espectadores, dois contrastes muito marcantes são destacados aqui pelo meu título; que pode ser traduzido aproximadamente como: "Pão e Caviar Mettwurst". Nenhum ator comerá nenhum dos itens diretamente; esta distinção entre eles só existe através de seus títulos.

Menno e Mathilde Gruben retornam de férias de 4 semanas no Egito com seus dois filhos Henning e Anette aguardando ansiosamente as celebrações da Páscoa; mas, em vez disso, descobrem que, ao regressarem, uma pilha de lembretes de empresas de serviços públicos chegou à sua caixa de correio e uma chamada para o banco confirma uma conta com saldo negativo de 30.000 euros; uma reserva incorreta pode ter contribuído para este erro, por isso os funcionários do banco estão ansiosos para resolver o problema assim que regressarem das férias.

Nesta peça, uma família é desafiada a viver de forma autossuficiente durante uma semana, mesmo sem querer. Então, qual poderia ser o título desta peça?
"Robinson Crusoé manda cumprimentos" . Isso cabe, não é?!
E um último exemplo:
Conteúdo: Nico e Silvia Schroder comemoram seu primeiro aniversário de casamento. Nico está feliz por sua esposa não o ter abandonado, embora ele esteja desempregado há um ano e Silvia precise ganhar sustento para os dois. Nico lê uma atraente oferta de emprego de uma empresa de café em seu jornal diário e rapidamente se inscreve por telefone e é rapidamente aceito para o emprego. Mas, em vez de receber as prometidas amostras de café, revistas eróticas chegam inesperadamente à sua casa alguns dias depois, deixando Nico perplexo sobre como explicar essa discrepância. Silvia fica furiosa com Nico; ela acredita que ele precisa de um substituto devido à gravidez dela. As coisas só pioram quando sua sogra também se muda, tendo sérios problemas com

ele. Nico acha que tudo está resolvido até que ERO aparece; então tudo fica claro novamente.

Este título combina as letras iniciais de duas empresas envolvidas nesta peça - um oásis romântico exclusivo e o café Timann - em uma palavra para formar "ERO-TI-KA". Como o sexo está no centro desta comédia, este título faz todo o sentido.
Ingo Sax escreveu uma peça extremamente inteligente sobre uma jovem que sofre de mutismo – a incapacidade de comunicar ou fazer contacto. Chamada de "Amanita", sua atriz principal Celia ficou famosa por esse papel nesta produção para quatro pessoas de Ingo Sax - então dê uma olhada e logo você entenderá porque o autor escolheu esse nome! Obrigado a Ingo Sax por seu feito incrível!

Não pense demais ao decidir sobre um título; "A Pousada da Âncora Dourada", "Jubilaum", "A Estrela de Pádua" e "Os Irmãos Contrabandistas", entre muitas outras peças populares e muitas vezes premiadas, têm títulos que simplesmente se referem ao local onde um evento ocorreu ou descrevem o que o motivou - isso é perfeitamente aceitável!
Mas algumas obras teatrais também têm títulos enfadonhos. Uma peça que conheço simplesmente chamada de "Teatro" deixa pouco espaço para imaginação ou criatividade quando se considera sua dramaturgia ou conteúdo.
Uma vez concluído o seu trabalho, ou enquanto o escreve, a determinação do seu nome pode ser natural; mas gostaria de concluir a discussão em torno da seleção de títulos delineando algumas opções disponíveis ao considerarmos um para sua peça.
Imagine o seguinte: às vezes, quando estou conversando com amigos, surgem palavras ou frases aleatórias que dariam ótimos títulos para poemas ou romances.

Considere isto. Quando lemos ou ouvimos títulos como estes, surge algo totalmente novo. Já não começamos formulando uma ideia e um enredo antes de atribuir um título mais tarde (a forma como a maioria das peças progride); em vez disso, agora começamos apenas com o título em si - e então criamos nossa história em torno dessa ideia a partir daí! Quando vejo esses títulos, penso imediatamente em 100 coisas que eles poderiam cobrir - você também não?
Sinta-se à vontade para experimentar esta variante também, mas evite usar títulos que escrevi aqui, pois pretendo incorporá-los em meus escritos nos próximos mescs.

Ao escrever, deve-se considerar todos os resultados possíveis de seus esforços de escrita. Um romancista escreve seu livro para leitores que podem comprá-lo em livrarias – editoras e gráficas também estão envolvidas aqui; para peças e peças destinadas a serem encenadas, os grupos de teatro provavelmente as apresentariam e seu manuscrito nunca seria comprado em lugar nenhum, nem lido facilmente de qualquer maneira - todos esses fatores devem ser levados em consideração quando alguém escreve sua peça ou romance.

Quando sua peça estiver concluída e você sentir orgulho de apresentá-la para publicação, envie-a a uma ou mais editoras para consideração. Sugiro começar escolhendo apenas aquele que pareça adequado; mesmo que as revisões possam levar algum tempo, elas geralmente incluem sugestões para revisar certas partes de seu artigo ou críticas de certas cenas dele por parte dos editores; eventualmente, os editores devolvem os manuscritos assim que ficam disponíveis.

Seu pedido estava fora de nossa consideração - muito obrigado". Infelizmente, cartas de rejeição como essa não fornecem detalhes sobre por que algo assim não é mais uma opção para eles. Não perca a esperança imediatamente se isso acontecer; leve coração! O repúdio das editoras de teatro não indica que seu trabalho seja terrível. Leia-o com atenção novamente enquanto se coloca como o espectador que assiste no palco e experimenta o que está vivenciando em primeira mão como membro do público ao lê-lo e experimentá-lo; seu impacto total antes de revisá-lo completamente antes de oferecê-lo novamente a outras editoras de teatro. Mas também quero ser totalmente franco: se o seu trabalho for rejeitado sem qualquer explicação ou comentário de um editor, isso deve significar que foi muito ruim - porque todos os editores. se esforça muito para explicar o que eles não gostam quando, no geral, parece bom. As críticas dos editores tornam a revisão e a edição muito mais simples; portanto, se eles disserem que não há necessidade, basta aceitar a resposta e seguir em frente com o que você estava escrevendo; Se alguém disser que não há necessidade de revisão, não pergunte por quê; o editor sabe melhor. Se isso acontecer com vários editores, você deverá eventualmente aceitar o fato de que o que você escreveu pode não ser de qualidade particularmente alta; talvez escrever simplesmente não seja o seu forte ou simplesmente não combina com você como forma de arte. Em algum momento de sua jornada escrita, é importante ser honesto consigo mesmo e reconhecer esse fato. Embora possamos especular sobre outros talentos inexplorados que estão fora da escrita em si, a questão aqui não é sobre isso - mas sim, que você acredita que pode e quer tentar!

Não importa se é comédia, drama, farsa, romance policial, peça de vários atos ou apenas um pequeno esboço - escrever em alemão padrão ou em um dialeto depende inteiramente de você - o fato permanece: seu artigo deve primeiro convencer um editor em seu editora escolhida que seu trabalho é coerente, sem erros e tem um enredo "emocionante"; não perde o rumo e é jogável e adequado para eles, além de fornecer fases quando necessário.

Sua peça deve dirigir-se àqueles que a apresentarão; caso contrário, nenhum editor o assinaria e ele ficaria acumulando poeira por anos sem interesse no palco - e isso é a última coisa que você deseja!

Suponha que você receba uma correspondência de seu editor e descubra que o editor examinou seu artigo e forneceu feedback sobre as alterações necessárias. Mas talvez eles também tenham mencionado o que precisa ser alterado para que caiba no programa exatamente como foi enviado por você.

Como você responderia? - Posso imaginar: ler as falas e críticas de um editor que você não conhece bem pode muitas vezes ser muito direto, causando choque, ofensa e raiva. "A peça é ótima - o que ele estava pensando?"... Todas essas frases podem se tornar problemas para você, pois encontrar uma editora para um primeiro romance costuma ser um desafio.

Pare de pensar assim e ficar ofendido. Um editor não é Deus - ele apenas oferece sua opinião - mas você deve respeitar o conhecimento dele sobre seu trabalho, bem como aceitar qualquer crítica dirigida ao seu artigo. Seja razoável consigo mesmo ao aceitar críticas, especialmente em relação a pontos específicos que foram criticados. Faça o que o editor aconselha apesar de suas objeções - com o tempo você reconhecerá sua sabedoria!

Minha 47ª peça "Welcome to Chez Andre", co-escrita com Christoph Bredau e submetida a duas editoras para consideração, foi rejeitada por ser muito picante. Quando lemos a carta deles ficamos surpresos – o conteúdo deste artigo pode ser visto aqui:

Andre Lambrecht e Frank Wattenfall perderam tudo na bolsa e atualmente estão desempregados, alugando juntos um apartamento de 2 quartos para manter os custos baixos. Infelizmente, nenhuma oportunidade de emprego se apresentou ainda, por isso eles já liquidaram o pagamento do aluguel.

A senhoria Elfriede Krause dá um ultimato de uma semana para encontrar trabalho ou pagar o aluguel; caso contrário, ela os quer fora. Andre tem uma ideia inspirada. Juntas passam a oferecer serviços de acompanhantes e acompanhantes para mulheres no "Welcome to Chez Andre"; rapidamente aceito por mulheres que procuram companhia, refeições ou massagens; mas as coisas rapidamente vão além das expectativas à medida que a senhoria Elfriede Krause e Tina tentam tudo o que podem para impedir esta atividade - mas o amor continua entre eles...

Aqui, o comércio mais antigo é retratado de forma bastante humorística, com os seus papéis tradicionais invertidos, mostrando até onde as pessoas irão para ganhar dinheiro hoje, ao mesmo tempo que mostra que as mulheres estão muito dispostas a pagar dinheiro apenas para ter algum tempo de qualidade com os homens. Nossa impressão é que isso irrita os homens, como evidenciado por alguém que se apaixona por uma cliente porque não aguenta mais receber pagamento dela, mostrando um comportamento muito humano no palco e ao mesmo tempo proporcionando um grande entretenimento dramático-túrgico. Além disso, muitas cenas foram bastante intensas! No entanto, fomos obrigados a "desarmar" quaisquer cenas que fossem longe demais para os editores; e um editor incluiu esta versão revisada em seu programa. Embora tenhamos achado decepcionante que nosso artigo original não tenha sido aceito - às vezes os editores leem apenas de acordo com seu humor! Dito isto, deve ser tratado.

Suponha que você receba uma carta desse tipo de um editor.
Então você volta ao trabalho - não irritado com a carta do seu editor, mas cheio de energia e otimismo para criar algo muito maior - talvez ao fazer mudanças você descubra que melhorou dramaticamente; ou talvez você reconheça com mais clareza onde os erros foram cometidos anteriormente.
Reserve duas horas para revisão; seu editor leu seu manuscrito e pode ter apontado erros; portanto, você só deve enviá-lo uma segunda vez quando todos os pontos de crítica tiverem sido resolvidos.

Agora vamos melhorar ainda mais as coisas: imagine receber a notícia de que sua peça será publicada pela primeira vez — que sensação incrível deve ser. Pelo menos você superou um obstáculo imenso e chegou até aqui. Isso é considerado sucesso? Com certeza — então permita-se sentir orgulho do que já foi realizado aqui.
Depois que sua peça for publicada, não há muito que você possa fazer a não ser assinar um contrato com uma editora (abordarei os contratos mais detalhadamente no Capítulo 12) e esperar que eles ofereçam seu trabalho por meio de catálogos enviados diretamente aos grupos de teatro todos os anos ou via plataformas de publicação online, como sites de editores.
Agora vem o próximo desafio: alcançar grupos de teatro com a sua peça. Os Playgroups geralmente solicitam programas de visualização dos editores; não seria ótimo se os diretores de jogos achassem seu trabalho interessante o suficiente para que

muitos cinemas encomendassem programas de exibição de sua editora? Infelizmente, entendo sua frustração; infelizmente você não saberá quais palcos visualizaram sua peça; geralmente (dependendo da editora) somente depois de selecionar seu trabalho você descobrirá detalhes como localização do grupo de apresentação e datas das apresentações.

Quando a sua peça é executada pela primeira vez, chamamos isso de performance inaugural ou estreia; e muitas vezes você, como autor, é convidado a participar desta ocasião histórica e importante. E você não deve recusar tal oferta! Ver seus personagens, história e conceito ganhando vida diante de seus olhos é realmente emocionante; acredite em mim; Eu sei por experiência. Talvez o grupo não execute sua peça como esperado, mas seja qual for o resultado, isso só poderá adicionar mais drama para todas as partes envolvidas!

Você também está animado? No entanto, se o grupo relatar que os ensaios foram agradáveis e que eles gostaram de encenar a peça; as críticas da imprensa são positivas e os números de audiência coincidem, então seu artigo pode prosseguir conforme planejado e contar isso como seu sucesso pessoal.

Folheie qualquer estante de romances e você rapidamente perceberá que existem inúmeras editoras disponíveis; infelizmente, os dramaturgos não têm tantas opções à sua disposição. Mas há editoras de teatro que publicam as nossas peças em condições muito razoáveis, e algumas até o fazem excepcionalmente bem. Acho que construir relacionamentos com os editores dessas editoras é fundamental. A princípio, é aconselhável navegar pelas editoras disponíveis online e determinar qual(is) pode(m) acomodar melhor o seu artigo. Como eu escrevia peças em dialeto e também em baixo alemão desde o início, Mahnke Verlag em Verden ofereceu a maior seleção de peças teatrais em baixo alemão (www.Mahnke-Verlag.de). Algumas das minhas peças ainda podem ser encontradas lá hoje!

Mas também há editoras especializadas em obras do baixo alemão e em dialetos; desde 2008, a maioria dos meus trabalhos foi publicada pela Plausus Theatreverlag em Bonn (www.Plausus.de), tanto em versões em baixo como em alto alemão.

Uma pesquisa na Internet por editoras revelará várias outras, como a editora Reinehr em Muhltal (www.Reinehr.de), o escritório de vendas e editora dos dramaturgos alemães Norderstedt (vertriebsstelle.de) ou a editora de teatro Rieder Wemding (Theaterverlag-Rieder .de) entre muitos mais. No entanto, certas editoras especializam-se em determinadas áreas, como peças infantis ou dramas, etc.

Não posso dizer qual editor funcionará melhor para você; tudo o que posso dizer é que há anos que tenho gostado de trabalhar em estreita colaboração com a Plausus-Verlag em Bona e com a Mahnke-Verlag em Verden.

Mas também tive algumas experiências negativas.

O que você deve considerar e priorizar ao estabelecer uma editora de teatro? Inicialmente, uma criança de oito anos liderou uma disputa legal. Então, quais fatores são essenciais na tomada de decisões relativas à propriedade de editoras teatrais?

Como autor, é importante formar laços fortes com seu editor e com os funcionários da editora; quaisquer grupos de teatro não devem apresentar reclamações sobre o seu editor. Seu trabalho é então transferido para a editora, que deve oferecê-lo de forma justa e tratar os grupos de teatro de maneira justa e equitativa. Se um grupo de teatro criticar a sua editora pela forma como a sua peça foi publicada, tome medidas para resolver o problema imediatamente. Se o seu trabalho não foi aceito por etapas durante vários anos devido a questões de qualidade; no entanto, se os erros forem deles e não de você, sinta-se à vontade para expressar isso.

Os sites dos editores falam muito sobre seu trabalho. Embora destinado principalmente a grupos de teatro, os autores também devem encontrar páginas de teatro facilmente compreensíveis para navegar com prazer.

Por favor, não tenha pressa navegando em sites; apenas a página principal muitas vezes pode revelar muito sobre seu editor.

Se eu achar chocante a página de abertura de uma editora apenas com regulamentos de desempenho, isso diz muito sobre seu proprietário e provavelmente indica sentimentos negativos em relação a essa editora; Não espero que você também ache esses editores atraentes; portanto, é melhor evitar tais editores.

Se você está tendo dificuldade em escolher qual editora escolher e está tendo dificuldade em decidir que apenas on-line não é suficiente, ligue diretamente para o editor e pergunte se ele consideraria publicar seu trabalho por telefone. Fazer isso dá outra impressão; se houver alguém pouco profissional e rude do outro lado da linha, considere se você gostaria que eles o tratassem dessa maneira em negociações futuras (encontrei pessoas que se descrevem como editores de editoras de teatro, mas escreveram "estreia" com um " a". Acredite - nem estava mentindo!).

Descubra se uma editora é apropriada para o seu manuscrito visitando seu site e pesquisando seu banco de dados de livros para publicação. Por exemplo, se você escreveu algo em baixo alemão Mahnke, Plausus ou VVB provavelmente seriam suas melhores opções; mas seja paciente, pois esse processo pode levar algum tempo até que uma resposta chegue deles. No entanto, algumas editoras confirmarão o recebimento do seu trabalho pelo correio; outros poderão contatá-lo por telefone ou e-mail; mas se nenhuma confirmação chegar depois de vários meses, então eu exigiria meu manuscrito de volta deles. Os editores de teatro parecem afirmar que recebem muitos manuscritos todos os dias sem tempo suficiente para resposta ou resposta. (Outras editoras podem afirmar o contrário.) Se você conhece outros dramaturgos, descubra com quais editoras eles trabalham; em geral, você só se compromete com uma editora ao publicar um artigo; peças subsequentes sempre podem ser oferecidas em outro lugar, se desejado.

Depois de encontrar uma editora e seu manuscrito ganhar interesse, será elaborado um contrato que ambas as partes deverão assinar. Cada contrato pode variar ligeiramente.

Não se preocupe! Os editores individuais não perceberão. O que mais importa é definir os direitos e obrigações do autor e do editor; bem como discutir finanças e duração.

Como autor, cabe apenas que você conceda à editora os direitos necessários para gravação em rádio e TV, realização de filme e tradução para outros idiomas. Mas você continua sendo o criador original - simplesmente cedendo os direitos de uso. Se algo no contrato não for aprovado por você, basta notificá-lo e discutir possíveis modificações - talvez um parágrafo ou regulamento possa ser alterado de acordo!

Naturalmente, a divisão de royalties é parte integrante de qualquer contrato e normalmente o autor recebe 70% e o editor 30%.
A duração e os direitos de rescisão podem ser um ponto de discussão árduo nos contratos, mas sempre me certifico de que eles incluam detalhes claros quanto à duração e aos direitos de cancelamento (por exemplo, todo dia 31 de dezembro, com aviso prévio de 3 meses e renovação automática se não cancelado).
Porém, tenha cuidado: se não houver nenhuma informação no contrato sobre sua duração e apenas for feita menção ao seu período de proteção legal, isso significa apenas que seu manuscrito está protegido por direitos autorais - em outras palavras, até depois de sua morte (70 anos post mortem!). Aconselho apenas assinar contratos com duração de 3 a 5 anos com renovação automática todos os anos a partir de então - mesmo que a rescisão ocorra após 5 anos deve ser aceite, em vez de ficar sujeito a compromisso até ao fim da vida!

Certifique-se de fornecer detalhes sobre a duração do contrato!

Ao procurar uma editora para meu primeiro trabalho em 1990, assinei meu contrato sem fornecer datas ou prazos para os líderes dos grupos performáticos aceitarem minhas peças, assinando após cada uma delas ter sido rejeitada liminarmente por esta editora. Se isso acontecer novamente e os líderes dos grupos de atuação entrarem em contato com você e se recusarem a cumpri-los por causa desses contratos - como aconteceu no meu caso - então suas mãos ficarão completamente atadas por eles e esse erro obriga você a brigar com seu advogado por 8 anos para sair . Finalmente, em 1º de abril de 2008, finalmente vencemos e saímos. Foi preciso força e nervosismo.

Seja esperto: escolha uma editora "excelente"!!!

Você já se perguntou quanto de renda uma carreira de dramaturgo gera? Bem, aqui está a sua oportunidade de descobrir esta resposta honestamente - tal como os soldados ou trabalhadores recebem salários, os dramaturgos recebem royalties através das editoras que publicaram a sua peça.

O dinheiro só será pago depois que sua peça for apresentada por um grupo de teatro e eles acertarem suas contas com a editora após o término da temporada. Quanto a quando e quando esse dinheiro chegará: pode levar algum tempo. Algumas editoras acertam contas com os autores instantaneamente após o acordo com grupos de teatro, enquanto outras enviam declarações de royalties trimestralmente - e outras até enviam declarações anuais conforme necessário.

Como isso é calculado? Todo espectador que assistir à sua peça deverá pagar uma taxa de entrada. Como sabe quem visita regularmente teatro profissional ou amador, os grupos variam consideravelmente em termos de frequência dos espectáculos, dimensão dos auditórios utilizados e preços de entrada cobrados por lugar - conheço grupos que apresentam apenas 3 espectáculos em salas que acomodam 100 espectadores por 4 euros cada, enquanto outros realizam 40 espectáculos ao longo de várias semanas, com capacidade para 350 convidados, por cerca de 12 euros cada! E assim o processo continua sem ponto final!

1. Imagine um grupo de teatro apresentando a sua peça cinco vezes por uma entrada de cinco euros por espectador e com lotação esgotada em cada uma delas; sendo o rendimento total de 2.500 euros só desta performance e 10% ou 250 euros destinados à editora; deste montante, 70% voltariam para você ou 175 euros voltariam diretamente para o seu bolso como pagamento deste grupo.

Por que escrevi "faria"? Bem, os editores normalmente estabelecem uma taxa mínima por performance que deve ser paga se a receita cair abaixo de determinados valores, geralmente em torno de 70 euros no nosso primeiro exemplo. Neste caso, este grupo não atingiria este limite mínimo e, portanto, teria de pagar 70 euros, pois não cumpriria a taxa mínima por performance; isso significa que 350 euros voltariam direto para os cofres dos editores, enquanto 70 euros disso valem 245 euros para você (70/20 = 245) Ouço muitos grupos de teatro queixarem-se deste regulamento; Estágios "pequenos", em particular, tendem a achar isso muito perturbador. No entanto, os editores impõem custos elevados sem este acordo e considerariam quase impossível sobreviver sem este enquadramento; então, por sua vez, isso também nos beneficia, autores. Acredite em mim; sem este regulamento em vigor, todos os palcos provavelmente pagariam apenas 30 ou 40 euros por apresentação!

Não acho que as etapas devam reclamar. Não importa quanto dinheiro seja arrecadado, 90% ainda acaba ficando com o grupo! Isso parece justo!

2. Exemplo: suponha que seu teatro tenha capacidade para 1.000 pessoas. As entradas por pessoa foram de 12 euros em 16 datas diferentes em que ocorreu a sua atuação; isso totalizaria 12.454 espectadores assistindo.

Parece legal? Bem, eu desejo! Infelizmente nunca recebi tal quantia de um grupo, mas o meu objectivo aqui é simplesmente ilustrar como a facturação pode variar entre fases - poderá receber apenas 70 euros de um e quase 1000 de outro!

Se você publicar um artigo escrito em alto alemão e contratar um tradutor para traduzi-lo para o baixo alemão ou outro idioma, ele deverá, obviamente, receber royalties; afinal, eles trabalharam muito para traduzi-lo. Sua participação normalmente é de 20%.

Espero que você esteja satisfeito, pois agora você sabe aproximadamente qual poderia ser seu potencial de ganhos ao fazer jogadas.

Eu já tinha completado 40 peças em múltiplos atos quando Elke Siemers me visitou há aproximadamente três anos para falar novamente sobre sua vida. Ela é uma extraordinária enfermeira pediátrica e professora de teatro que conta histórias de uma maneira tão envolvente e única que sempre deveria ser capturada em filme. Ouvir suas histórias é verdadeiramente encantador; anos atrás, percebemos que poderíamos criar histórias incríveis juntos. Sim, se deixarmos a nossa imaginação correr solta durante uma hora, uma peça completa pode surgir quase instantaneamente; infelizmente apenas em nossas cabeças no início. Desde então, muitas ideias foram abandonadas rapidamente. Em algum momento, ficou evidente para mim que ela tinha uma história tão emocionante e carregada de emoção para compartilhar, muitas delas provenientes de sua experiência pessoal, que eu sabia que isso levaria a alguma coisa.

Agora você pode estar se perguntando como funciona escrever juntos - "escrever juntos". Até aquele ponto eu havia encontrado duas abordagens. Elke já havia concluído inúmeras obras: pinturas, performances no palco, escrita de poesia e pequenos romances, bem como peças de teatro; ela até tentou fazer isso sozinha! A essa altura, Elke já havia pintado muitos quadros, escrito contos de poesia, contos, mas recusou a escrita em estilo de diálogo por não ser seu forte - em suas palavras.

Esta foi minha experiência inaugural de escrever colaborativamente. Na primavera de 2008, colaboramos novamente, desta vez com Christoph Bredau como meu co-escritor.
Escrever com Christoph foi bastante único. A certa altura começamos a discutir teatro e tivemos a ideia de uma comédia em que dois jovens se apresentavam como "prostitutos". (Essa ideia surgiu durante uma de minhas sessões anteriores de escrita com Christoph.) Já escrevi outro roteiro de comédia apresentando esse conceito (veja a seção anterior para obter detalhes).
Foi fascinante que o título da minha peça me ocorresse antes mesmo de escrevê-la: "Bem-vindo ao Chez Andre". Inicialmente consideramos chamar o espetáculo de "Chez Roger", mas isso pode ter apresentado algumas dificuldades para os atores que o representavam, pois precisava ser repetido frequentemente no palco. Pouco antes do final, trocamos Roger por André. Christoph nasceu no Baixo Reno e trabalha como enfermeiro de profissão; um ávido cinéfilo, ele transforma sua casa em algo semelhante a um cinema de verdade! Embora muito interessado no teatro como atividade - embora talvez não tenha predisposição para esta profissão. Desde o início,

ele sabia que deveríamos co-escrever esta peça juntos - o que significa sentar juntos em frente a um computador enquanto escrevíamos e criar o enredo enquanto digitávamos. No início, era um estilo de escrita desconhecido e desconhecido para mim; às vezes havia sugestões do meu editor com as quais eu não concordava - embora às vezes vice-versa. De vez em quando eu tinha que controlar seu entusiasmo quando suas ideias iam longe demais; mas em muitas ocasiões ele escreveu coisas que eu nunca poderia ter escrito, que eram brilhantes e perspicazes. Muitas cenas só foram melhoradas através desta colaboração; e acreditamos que devemos estar orgulhosos dos seus resultados. Pelo menos estávamos ambos extremamente satisfeitos com "Chez Andre", e depois de o terminar decidimos não desistir e estamos actualmente a trabalhar na nossa segunda comédia: "Four Hands for an Udder", que deverá estar pronta no Outono de 2008.

Como pode ser visto, existem várias abordagens para escrever música com outra pessoa. Se você decidir compor a peça inteira em casal, lembre-se de que nenhum dos parceiros será vítima de trabalhar sozinho na peça de vez em quando, pois isso pode ser considerado injusto para um ou ambos os parceiros.
Você deve preferir escrever junto ou sozinho? Nenhum dos dois deve adiar fazer o que é melhor para eles - não vou desencorajar escrever juntos, mas gostaria de enfatizar que funciona igualmente bem quando feito sozinho - com certeza escreverei meu 50º trabalho solo novamente desta vez! Encontre seu próprio caminho e estilo ao escrever juntos ou sozinhos!

O FIM